Leichte Wanderungen

Genusstouren in den Münchner Bergen

40 Touren zwischen Garmisch und Chiemgau

Carmen Egelhaaf

ROTHER BERGVERLAG

Vorwort

Ob jung oder alt, Einsteiger oder Profi – Wandern erfreut sich wieder großer Beliebtheit. Der Trend geht zur Freizeitgestaltung in der Natur. Und immer mehr Menschen wandern, um sich zu erholen – nicht um sich sportlich zu verausgaben. Die klare Luft, der Duft der Natur und das einzigartige Flair der Berge sind Balsam für Geist und Seele und für viele ein wichtiger Ausgleich in unserer schnelllebigen Welt.

So geht es auch mir und meiner Familie. Am liebsten unternehmen wir leichte Wanderungen mit überschaubaren Gehzeiten, die auch ohne steile Gipfelbesteigung ein tolles Bergpanorama bieten. Mal haben wir Oma und Opa dabei, mal sind wir mit Freunden unterwegs. Es ist uns wichtig, einen genussvollen Tag zu verbringen und den Stress des Alltags hinter uns zu lassen. Auch die Großeltern und unsere Freunde schätzen kurze Touren mit Zeit zum Verweilen und Genießen. Gerne verbinden wir die Wanderungen auch mit einem Abstecher zum See oder sonstigen gemeinsamen Unternehmungen.

Als ich feststellte, dass viele Menschen diese Ansicht teilen, entstand die Idee für dieses Wanderbuch.

Ich hoffe, ich habe auch Ihren Geschmack getroffen, und wünsche Ihnen viel Freude beim Genusswandern in den Münchner Bergen.

Carmen Egelhaaf

Liebe Leserinnen und Leser,

infolge der Corona-Krise können sich Änderungen ergeben haben, die bei Redaktionsschluss noch nicht absehbar waren. Soweit möglich, werden wir aktuelle Hinweise unter www.rother.de (beim Buch) zur Verfügung stellen. Bitte informieren Sie sich vor der Wanderung zusätzlich über die derzeitigen Gegebenheiten.

Sollten Sie geänderte Gegebenheiten vor Ort feststellen, freuen wir uns über Korrekturhinweise per E-Mail an leserzuschrift@rother.de.

Inhalt

Vorwort		2
Allgemeine Hinweise		6
Tipps für Genusswanderer		9

▶ **1 Zum Ferchensee,** 1059 m
Zwei-Seen-Wanderung vor prächtiger Kulisse — 14

▶ **2 Eckbauer,** 1237 m
Hinab zur tosenden Partnachklamm — 18

▶ **3 Hochalm,** 1703 m
Aug in Aug mit den Wetterstein-Riesen — 22

▶ **4 Rund um den Eibsee**
Seewanderung am Fuße der Zugspitze — 25

▶ **5 Entlang dem Kramermassiv**
Aussichtsreicher Höhenweg über Garmisch — 28

▶ **6 Pürschlinghaus,** 1554 m
Zum ehemaligen königlichen Jagdhaus — 31

▶ **7 Zum Seebensee,** 1657 m
Panoramawanderung im Hochgebirge — 34

▶ **8 Am Staffelsee**
See- und Moorwanderung mit Bergblick — 38

▶ **9 Durch das Murnauer Moos**
Mooswanderung mit Alpenblick — 42

▶ **10 Kreut-Alm**
Von Ohlstadt über die Hohe Tanne — 46

▶ **11 An den Osterseen**
Natur- und Vogelparadies mit Alpenkulisse — 49

▶ **12 Beim Kloster Benediktbeuern**
Moorwanderung am Fuß der Benediktenwand — 52

▶ **13 Rund um den Kirchsee**
Vom Kloster Reutberg zum Koglweiher — 55

▶ **14 Zur Wallfahrtskapelle Nüchternbrunn**
Panoramablick auf dem Taubenberg — 58

▶ **15 Über dem Tegernsee**
Höhenweg nach Rottach-Egern — 61

▶ **16 Über den Bucher Berg**
Hochplateau zu Füßen von Ochsenkamp und Fockenstein — 64

▶ **17 Hintere Längentalalm,** 1026 m
Am Fuße von Kirchstein und Probstenwand — 67

▶ **18 Stie-Alm,** 1520 m
Panoramawanderung auf dem Brauneck — 70

▶ **19 Am Walchensee**
Uferwanderung nach Einsiedl — 73

▶ **20 Rund um den Barmsee**
Seewanderung vor imposanter Bergkulisse — 76

▶ **21 Goas-Alm,** 986 m
Durch die Buckelwiesen bei Klais — 79

▶ **22 Binsalm,** 1502 m
Über dem Großen Ahornboden — 82

▶ **23 Schwarzentenn-Alm,** 1040 m
Zwischen Leonhardstein und Buchstein — 85

▶ **24 Nach Wildbad Kreuth**
Flusswanderung über die Siebenhüttenalm — 88

▶ **25 Rotwand,** 1884 m
Der Aussichtsgipfel am Spitzingsee — 90

▶ **26 Rund um den Spitzingsee**
Über die Almwiesen der Valepp — 93

▶ **27 Entlang dem Schliersee**
Uferwanderung mit Schifffahrt — 96

▶ **28 Schliersbergalm,** 1061 m
Über dem Schliersee — 99

▶ **29 Im Leitzachtal**
Zu Füßen von Breitenstein und Schwarzenberg — 102

▶ **30 Am Fuße des Wendelsteins**
Von Bayrischzell zum Siglhof — 106

▶ **31 Thierberg,** 721 m
Vom Hechtsee zur Thierbergkapelle — 109

▶ **32 Daffnerwaldalm,** 1050 m
Vom Duftbräu an den Fuß des Heubergs — 112

▶ **33 Almwanderung unter der Kampenwand**
Zur Steinling- und Schlechtenbergalm — 115

▶ **34 Hefteralm,** 1020 m
Hinauf zu den Grassauer Almen — 118

▶ 35 **Durch das Heutal**
Von der Winklmoosalm zur Moarlack   121

▶ 36 **Durch die Entenlochklamm**
Zur Wallfahrtskirche Maria Klobenstein   124

▶ 37 **Wandberg,** 1454 m
Zur Aussichtsloge nördlich des Walchsees   127

▶ 38 **Durch das Kaisertal**
Mit Kaiserblick nach Hinterbärenbad   130

▶ 39 **Am Fuß des Zettenkaiserkopfs**
Vom Hintersteiner See zur Walleralm   134

▶ 40 **Vom Hartkaiser zur Tanzbodenalm**
Panoramaspaziergang mit Kaiserblick   137

Stichwortverzeichnis   140

Allgemeine Hinweise

Anforderungen

Generell verlaufen alle in diesem hier vorgestellten Wanderungen auf gut markierten und einfach zu gehenden Wegen ohne extreme Steigungen und erfordern keine ausgeprägte Kondition. Da auch leichte Touren unterschiedliche Schwierigkeitsgrade haben können, ist die Tournummer in der Kopfzeile der jeweiligen Wanderung farbig gekennzeichnet. Die Einteilung in blaue, rote und schwarze Touren soll als Anhaltspunkt dienen, um die Auswahl der passenden Wanderung zu erleichtern.

Die farbliche Kennzeichnung erfolgt aufgrund der Steigung und der Gesamtlänge der Route und erklärt sich folgendermaßen:

▶ **Blaue Touren**

Spaziergänge und Wanderungen auf flachen, bequem zu gehenden und gut markierten Wegen mit kaum merklicher Steigung. Die maximale Höhendifferenz beträgt 200 Meter. Diese Touren erfordern keine besondere Kondition und können auch bei schlechtem Wetter verhältnismäßig gefahrlos begangen werden.

▶ **Rote Touren**

Wanderungen auf bequem zu gehenden und gut markierten Wegen mit gleichmäßigen Anstiegen und einer maximalen Höhendifferenz von 500 Metern. Grundkondition ist von Vorteil.

▶ **Schwarze Touren**

Wanderungen auf bequem zu gehenden und gut markierten Wegen mit längeren Anstiegen und kurzen steilen Teilstücken und einer Höhendifferenz von 200 bis 500 Höhenmetern. Grundkondition ist von Vorteil.

Kurzinfo

Um die Anforderungen jeder Tour auf den ersten Blick grob einschätzen zu können, sind die Eckdaten der Wanderungen in einer Kurzinfo zusammengefasst. Diese gibt Auskunft über Charakter, Länge, Höhendifferenz, Wegbeschaffenheit, mögliche Varianten sowie Einkehr- und Rastmöglichkeiten.

Nach der Kurzinfo folgt eine ausführliche Wegbeschreibung, die durch eine Karte sowie ein Höhenprofil ergänzt wird.

Gehzeit

Die angegebene Gehzeit ist die reine Gehzeit für die gesamte Strecke ohne Pausen. Den meisten Touren wurde eine Durchschnittsgeschwindigkeit von drei Kilometern pro Stunde zu Grunde gelegt. Da das Tempo und die Kondition eines jeden Einzelnen sehr unterschiedlich sind, dient diese Zeitangabe jedoch nur als grober Anhaltspunkt.

Höhenunterschied

Die in der Kurzinfo angegebenen Höhenmeter beziehen sich auf den Höhenunterschied zwischen dem Ausgangspunkt und dem Wanderziel. Gegenanstiege sind in diese Angabe einberechnet.

Anfahrt

Überall dort, wo die Anfahrt zum Ausgangspunkt der Wanderung auch mit öffentlichen Verkehrsmitteln bequem möglich ist, wird darauf verwiesen. Es werden mit wenigen Ausnahmen nur Bahn-, S-Bahn- und Bus-Verbindungen aufgeführt, bei denen man höchstens einmal um-

Der Höhenweg zur Rotwand bietet durchgehend schöne Aussicht (Tour 25).

GPS-Daten und Koordinaten der Ausgangspunkte

Zu diesem Wanderbuch stehen auf www.rother.de GPS-Tracks und Koordinaten der Ausgangspunkte aller Wanderungen zum kostenlosen Download bereit: 5. Auflage, Passwort: **304805hwm**

Die GPS-Daten wurden von der Autorin über eine digitale Karte erstellt. Verlag und Autorin haben die Tracks und Wegpunkte nach bestem Wissen und Gewissen überprüft. Dennoch können wir Fehler oder Abweichungen nicht ausschließen, außerdem können sich die Gegebenheiten vor Ort zwischenzeitlich verändert haben. GPS-Daten sind zwar eine hervorragende Planungs- und Navigationshilfe, erfordern aber nach wie vor sorgfältige Vorbereitung, eigene Orientierungsfähigkeit sowie Sachverstand bei der Beurteilung der jeweiligen (Gelände-)Situation. Man sollte sich für die Orientierung auch niemals ausschließlich auf GPS-Gerät und -Daten verlassen.

steigen muss. Detailinformationen (Abfahrtszeiten etc.) erhält man auf den entsprechenden Webseiten (Links siehe Umschlagklappe).

Varianten

Wenn sich Strecken abkürzen oder erweitern lassen, wird in der Kurzinfo der jeweiligen Wanderung unter dem Punkt »Variante« darauf hingewiesen. Längere Varianten werden zusätzlich am Ende der Routenbeschreibung ausführlich beschrieben.

Bergbahnen

Auf einigen Touren werden Kabinenbahn, Standseilbahn oder Sesselbahn genutzt, um große Steigungen schnell und bequem zu bewältigen. Die Bergbahnen sind in der Regel ganzjährig in Betrieb und nur zu den Revisionszeiten nach Ostern und im November geschlossen. Genaue Informationen der jeweiligen Bergbahnen sind in der Kurzinfo angegeben.

Einkehr

Auf allen Wanderungen gibt es unterwegs die Möglichkeit einzukehren. Manche Hütten und Almen sind ganzjährig geöffnet, einige sind nur im Sommer bewirtschaftet. Da die in der Kurzinfo aufgeführten Öffnungszeiten je nach Witterungsbedingungen und Schneelage von Saison zu Saison leicht variieren können, sind sie nur als grobe Anhaltspunkte geeignet. Vor allem im Frühjahr und Spätherbst empfiehlt es sich, vor Beginn der Wanderung auf der Hütte oder beim Fremdenverkehrsamt nachzufragen. Am besten ist jedoch, Sie nehmen immer eine kleine Brotzeit und ausreichend Getränke mit, so sind Sie von Öffnungszeiten und Lage der Hütten unabhängig.

Kinder und Kinderwagen

Alle hier vorgestellten Wanderungen verlaufen auf sicheren Wegen und sind für Kinder geeignet. Unter dem Punkt »Kinder« wird in der Kurzinfo beschrieben, was es für den Nachwuchs unterwegs zu entdecken gibt. Routen, die auch mit dem Kinderwagen begangen werden können, sind ebenfalls dort vermerkt. Ein stabiler und geländegängiger Kinderwagen wird vorausgesetzt.

Wissenswertes

Unter der Überschrift »Wussten Sie schon?« werden landschaftliche Besonderheiten, historische Hintergründe oder kleine Anekdoten beleuchtet sowie auf Sehenswürdigkeiten oder Ausflugsziele hingewiesen.

Tipps für Genusswanderer

Die passende Tour finden

Um die Anforderungen jeder Tour auf den ersten Blick einschätzen zu können, sind die Wanderungen farbig gekennzeichnet (siehe Seite 6). Zusätzlich sind alle Touren mit einem Höhenprofil versehen, das Auskunft über die Länge der Etappen und die zu bewältigenden Höhenunterschiede gibt. Wählen Sie für Ihre erste Wanderung am besten eine kurze Route aus. Dies hilft Ihnen, herauszufinden, welche Tourlänge und welcher Schwierigkeitsgrad für Sie geeignet ist.

Auch wenn in diesem Buch ausschließlich leichte Wanderungen vorgestellt werden, sollten Sie sich trotzdem am schwächsten Gruppenmitglied orientieren. Bedenken Sie bei der Auswahl, dass Faktoren wie die Witterung, die eigene Kondition oder die persönliche Tagesform sehr stark beeinflussen können, wie schwierig oder leicht eine Tour empfunden wird.

Die beste Wanderzeit

Jede Jahreszeit hat ihren eigenen Reiz. Während im Frühjahr Blumenliebhaber auf ihre Kosten kommen, ist der Sommer für Sonnenhungrige und der Herbst für Freunde des gefärbten Laubs die richtige Zeit. Generell eignen sich Talwanderungen besonders im Frühjahr, wenn die ersten Sonnenstrahlen bereits das Grün zum Sprießen bringen und es in den Bergen noch kalt und winterlich ist. Alpine Bergwanderungen sollte man am besten im Sommer oder Herbst unternehmen.

Genusstour bei Mittenwald: der Ferchensee vor Karwendelkulisse (Tour 1).

Ausreichend Zeit einplanen

Genussvoll wandern heißt auch – genug Zeit einplanen. Reservieren Sie sich den ganzen Tag für Ihre Wanderung, auch wenn die ausgewählte Tour nur mit ein oder zwei Stunden Gehzeit veranschlagt ist. Die im Buch angegebenen Gehzeiten sind großzügig bemessen, doch sie verstehen sich als reine Gehzeiten ohne Pausen. Wer die schöne Aussicht in Ruhe genießen möchte, einkehrt oder Foto-Pausen macht, ist deutlich länger unterwegs. Besonders wenn Sie mit Kindern wandern, sollten Sie reichlich Pausen einplanen. Als grobe Faustregel gilt: Addieren Sie die Hälfte der angegebenen Gehzeit hinzu (mit Kindern Gehzeit verdoppeln), dann können Sie ungefähr bestimmen, wie lange Sie inklusive Pausen unterwegs sein werden.

Wetter und Wegbeschaffenheit

Generell gilt besondere Vorsicht bei Nässe. Unter normalen Bedingungen einfach zu bewältigende Wege können bei Nässe glitschig und gefährlich werden. Im Herbst können zudem kleine, unter dem Laub versteckte Steine tückisch sein und man ist schnell umgeknickt. Achten Sie aufmerksam auf den Weg und beugen Sie mit entsprechendem Schuhwerk vor.

In den Alpen und im Alpenvorland kann das Wetter innerhalb kürzester Zeit umschlagen. Brechen Sie daher beim ersten Anzeichen eines Unwetters die Wanderung ab und suchen Sie den nächsten Unterschlupf auf. Informieren Sie sich bei zweifelhaftem Wetter am besten im Voraus beim Alpenverein über die Wetterprognose.

Die richtige Ausrüstung

Damit Sie Ihre Wanderungen richtig genießen können, sollten Sie im Vorfeld für eine bequeme und funktionelle Wanderausrüstung sorgen.

▶ **Wanderschuhe:** Die vorgestellten Touren verlaufen auf bequemen Wegen, doch auch hier kann ein falscher Schuh schmerzhafte Folgen haben. Am besten geeignet sind Wanderschuhe mit rutschfesten Gummisohlen und einem guten Schutz für die Knöchel. Im Gegensatz zu Turnschuhen verhilft das ausgeprägte Profil der Sohlen zu einem sicheren Tritt und vermindert die Gefahr, auszurutschen oder umzuknicken. Der Schuh sollte fest an der Ferse sitzen, auch wenn Sie abrupt stehen bleiben oder sich auf die Zehenspitzen stellen. Die Oberfläche des Schuhs (Schaft) muss eng

Einkehr mit Wettersteinblick am Eckbauer (Tour 2).

Herbstwanderung zur Wallfahrtskapelle Maria Klobenstein (Tour 36).

am Fußrücken anliegen und festen Halt geben. Drücken sollte er aber nicht. Die Zehen dagegen dürfen weder oben noch vorne an den Schuh anstoßen, sonst entstehen Blasen. Falls Sie sich neue Wanderschuhe anschaffen, kaufen Sie diese am besten nachmittags, denn im Laufe des Tages schwellen die Füße an. Ein Wasser abweisendes Futter, das zudem atmungsaktiv ist, sorgt für trockene Füße und verhindert Hitzestau im Schuh. Sinnvoll ist es auch, zum Schuhkauf die eigenen Wandersocken mitzunehmen. Und ganz wichtig: Gehen Sie nie mit nagelneuen Schuhen wandern. Laufen Sie die Schuhe zuerst auf kürzeren Spaziergängen gut ein. Zum Schutz vor Blasen können Sie empfindliche Stellen zusätzlich mit Tape abkleben oder mit Hirschtalg einreiben, durch den eine Gleitschicht entsteht.

▶ **Wandersocken:** Die Wichtigkeit der Socken wird oft unterschätzt. Sie sind der Kontaktpunkt zwischen Fuß und Schuh und haben eine zentrale Funktion. Sie müssen die Feuchtigkeit vom Fuß halten, damit dieser nicht aufquillt, Stöße dämpfen und Reibung verhindern. Achten Sie auf qualitativ hochwertige Wandersocken, die durch ein Mischgewebe (natürliche Fasern und Kunststoffgewebe), Polsterungen und eine gute Passform vor Blasen oder Druckstellen schützen.

▶ **Wanderbekleidung:** Generell sollte Wanderbekleidung Schutz vor Kälte, Wind, Regen und Hitze bieten und gleichzeitig ein angenehmes Körperklima gewährleisten. Praktisch ist Kleidung, die man nach dem Zwiebelprinzip übereinander anziehen und bei Bedarf unkompliziert ausziehen kann. Als unterste Schicht ist eng anliegende Funktionswäsche am besten geeignet. Diese ist atmungsaktiv und trocknet rasch, denn die Mikrofasern transportieren den Schweiß nach außen. Ein nass geschwitztes Baumwollhemd dage-

Wandern über dem Nebelmeer (Tour 40).

gen klebt auf der Haut, schränkt die Bewegungsfreiheit ein und wirkt sich negativ auf das Wohlbefinden aus. Wichtig ist, dass nach der Sportunterwäsche auch funktionelle Überbekleidung folgt, sonst bleibt die von der Haut wegtransportierte Körperfeuchte zwischen Wäsche und Hemd gefangen. In der kälteren Jahreszeit bietet sich als weitere Zwischenschicht eine wärmende Fleecejacke oder Fleeceweste an. Egal ob Sommer oder Winter – immer dabei haben sollte man eine Wasser abweisende, winddichte, atmungsaktive Jacke, denn gerade im Gebirge kann sich das Wetter schnell ändern.

▶ **Teleskopstöcke:** Höhenverstellbare Wanderstöcke, sogenannte Teleskopstöcke, sind sehr empfehlenswert. Sie geben Halt und erhöhen die Trittsicherheit im Gelände, sparen Kraft beim Aufstieg und entlasten die Gelenke, Bänder und Muskeln beim Abstieg. Die Stöcke können auf eine Länge von circa 65 cm zusammengeklappt werden und lassen sich somit gut am Rucksack befestigen, wenn sie nicht gebraucht werden. Die Teleskopstöcke sind richtig eingestellt, wenn die Arme in der Ausgangsstellung einen rechten Winkel bilden und sich die Stockspitzen im Bereich der Füße befinden. Dadurch ist der Stock leicht nach hinten geneigt und die Kraft wird effektiv nach vorne genutzt. Bei langen oder steilen Auf- und Abstiegen passt man die Länge der Stöcke an. Bergauf trägt man sie etwas kürzer, bergab etwas länger. Die Kraft wird so am besten umgesetzt, da die Arme ungehindert durchschwingen können. Damit die Finger nicht verkrampfen, hält man den Griff des Stocks beim Vorziehen (nach dem Stockeinsatz) ganz locker. Am Anfang sollte man bewusst auf diese Bewegung achten, bis sie automatisiert ist.

▶ **Rucksack:** Auch bei leichten und kürzeren Wanderungen gehört eine Minimalausstattung mit Wechselkleidung, Regenschutz, Wanderkarte und/oder GPS-Gerät, Verpflegung und Notfallapotheke ins Gepäck. Diese lässt sich am besten in einem kleinen funktionellen Rucksack transportieren. Gepolsterte Schulter- und Beckengurte verbessern den Tragekomfort, ebenso ein verstellbares Tragesystem, mit dem der Rucksack an den jeweiligen Träger angepasst werden kann. Ein Brustgurt ist nicht zwingend notwendig, aber vorteilhaft, da er den Rucksack bei seitlichen Bewegungen stabilisiert. Außentaschen und unterteilte Innenfächer sind sinnvoll, um Dinge, wie zum Beispiel die Wanderkarte, schnell wiederzufinden. Wichtig ist ein Netz, das für den nötigen Abstand zum Rücken sorgt und verhindert, dass der Rucksack am Rücken klebt; so kann der Schweiß besser abtransportiert werden.

Checkliste

Neben der richtigen Ausrüstung gibt es einige praktische Dinge, die Sie in Ihren Rucksack packen sollten. Dafür ist es hilfreich, eine Checkliste zu erstellen, die Sie immer wieder verwenden können. So ist der Rucksack schneller gepackt und Sie können sicher sein, dass immer alles dabei ist, was Sie benötigen. Hier ein Beispiel, das beliebig erweitert und an Ihre persönlichen Bedürfnisse angepasst werden kann.

Bekleidung:
- feste Wanderschuhe
- Wandersocken
- Funktionsunterwäsche
- atmungsaktives T-Shirt oder Hemd
- wärmende Fleecejacke (je nach Jahreszeit)
- Wasser abweisende Outdoorjacke
- Handschuhe und Mütze (je nach Jahreszeit)
- Wanderhose
- Wechselkleidung: Funktionsshirt oder Hemd, eventuell Socken

Sonstiges:
- Rucksack
- Navi oder Straßenkarte für die Anfahrt
- Wanderbuch mit der Wanderroute
- Mobiltelefon, falls Sie unterwegs Hilfe brauchen
- Sonnenschutz: Sonnencreme, Sonnenbrille und Sonnenhut
- Regenschutz
- Wanderstöcke
- Getränke und kleine Brotzeit
- Taschenmesser
- Taschentücher
- Plastiktüte für Abfälle
- etwas Geld
- Notfallapotheke mit Pflaster, Desinfektionsmittel u. Ä.

Leichte Panoramatour auf dem Kreuzeck (Tour 3).

Wettersteingebirge

Zum Ferchensee, 1059 m

Zwei-Seen-Wanderung vor prächtiger Kulisse ★★★

Auf einem panoramareichen Höhenweg wandern wir hoch über Mittenwald zu zwei besonders schönen Bergseen. Das erste Etappenziel, der Lautersee, begeistert durch sein schilfbewachsenes Ufer vor der Kulisse des Karwendel- und Wettersteingebirges. Der etwas höher gelegene Ferchensee fasziniert durch klares, grünes Wasser und seine Lage zu Füßen der Ferchenseewände und des Wettersteins. Der Weg dorthin ist nicht beschwerlich und abwechslungsreich. Bis auf zwei steilere Abschnitte schlängelt er sich durch Wald und Wiesen mit kaum merklicher Steigung dahin und bietet durchgehend eine schöne Aussicht auf das Gebirge.

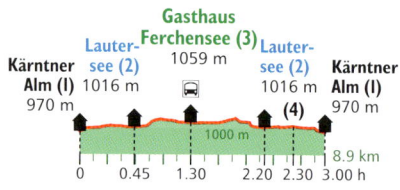

Blick auf den Ferchensee und das Karwendelgebirge.

Wettersteingebirge

KURZINFO

Talort: Mittenwald, 912 m.
Ausgangspunkt: Parkplatz am Kranzberg-Sessellift an der Kärntner Alm oberhalb von Mittenwald, 970 m.
Anfahrt: Mit dem Auto über Garmisch-Partenkirchen oder den Walchensee bis Mittenwald Nord. Dann folgt man der Beschilderung zum Kranzberglift, vorbei an der Gröblalm bis zur Kärntner Alm. Dort unterhalb des Kranzberg-Sessellifts parken (gebührenpflichtig; Navi: Kranzbergstraße 21 / 82481 Mittenwald).
Mit der Bahn stündliche direkte Verbindung von München Hbf. über Garmisch-Partenkirchen nach Mittenwald. Vom Bahnhof Mittenwald rund 800 m zu Fuß über die Bahnhofstraße in Richtung Kirche, dann über Hochstraße, Matthias-Klotz-Straße, Jalsweg und »Im Gries« zur Kranzbergstraße. Dort links in den Schwibberbacherweg abbiegen. Über viele Treppenstufen erreicht man rund 15 Min. später den Höhenwanderweg und folgt der Beschilderung zum Lauter- und Ferchensee.
Gehzeit: 3.00 Std.
Distanz: 8,9 km.
Höhenunterschied: 200 m.
Anforderungen: Überwiegend flache und gut befestigte Wander- und Fahrwege mit wenig Steigungen. Eine steilere Passage von rund 100 m zu Beginn der Wanderung sowie eine steilere Passage von ca. 300 m kurz nach dem Lautersee.
Rast: Unterwegs viele Bänke sowie zahlreiche Einkehrmöglichkeiten.
Einkehr: Kärntner Alm, Berggasthof mit Blick auf Mittenwald und das Karwendel, Montag Ruhetag, Tel. +49 8823 8239, www.kaerntneralm.com. Lautersee-Alm, 1014 m, direkt am See neben dem Strandbad, wetterabhängige Öffnungszeiten, Tel. +49 8823 928932, www.lautersee-alm.de. Hotel Lautersee, 1016 m, direkt am See, kein Ruhetag, Betriebsferien vom 1. November bis Ende Dezember sowie im April, Tel. +49 8823 1017, www.hotel-lautersee.de. Gasthaus Ferchensee, 1059 m, direkt am See, Freitag Ruhetag, Betriebsferien von Ende Oktober bis Ende Dezember sowie im April, Tel. +49 8823 1409, www.ferchensee.eu.
Kinder: Abwechslungsreiche Tour mit Bademöglichkeiten, einem Spielplatz am Lautersee, schönen »Indianerpfaden« für Erkundungstouren und der Möglichkeit, auf dem Rückweg mit dem Bus zu fahren. Die Wanderung ist kinderwagentauglich, wenn man auf dem Hinweg wieder zurückläuft; bis zum Lautersee ohne große Anstrengung, der Anstieg nach dem Lautersee ist steil.
Bademöglichkeit: Die besten Badestellen befinden sich am südöstlichen Ende des Lautersees sowie an der Südseite des Ferchensees. Bootsverleih an beiden Seen.
Winter: Die Wege sind im Winter geräumt.
Variante: Von Mai bis Oktober verkehrt in der Regel zwischen 11 und 17 Uhr stündlich ein Kleinbus zwischen den Seen und dem Bahnhof Mittenwald. Damit lässt sich die Tour um die Hälfte verkürzen. Fahrplan und Tarife: www.alpenwelt-karwendel.de/wanderbus.
Touristeninformation: Tourist-Information Mittenwald, Dammkarstr. 3, 82481 Mittenwald, Tel. +49 8823 33981, www.alpenwelt-karwendel.de/touristinformation-mittenwald.

Bereits am Parkplatz des Kranzbergliftes bei der Kärntner Alm (1) haben wir einen wunderbaren Blick auf das Karwendelgebirge. Dieser imposante Anblick wird uns die ersten 45 Min. bis zum Lautersee begleiten.
Wir starten zum westlichen Ende des Parkplatzes und folgen dem Wegweiser in Richtung Lautersee. Ein asphaltiertes Sträßchen führt uns etwa 100 m steil bergauf. Nach der ersten Kehre biegen wir nach links auf den Geolehrpfad ab. Vorerst ignorieren wir alle Abzweigungen und wandern nun mit leichter Steigung in Richtung Berghotel Latscheneck. Ab dem Hotel ist der

Wettersteingebirge

> ### WUSSTEN SIE SCHON?
> In Mittenwald gibt es ein interessantes Geigenbau-Museum. Es zeigt das Geigenbauerhandwerk und seine Entwicklung in Mittenwald. Die umfangreiche Sammlung umfasst unter anderem Instrumente der barocken Meister Matthias und Sebastian Klotz sowie Geigen des weltberühmten Tiroler Geigenmachers Jacob Stainer. Adresse: Geigenbaumuseum Mittenwald, Ballenhausgasse 3, 82481 Mittenwald, Tel. +49 8823 2511, www.geigenbaumuseum-mittenwald.de, montags geschlossen, in der Hauptsaison geöffnet 10–17 Uhr, in der Nebensaison 11–16 Uhr.

Weg fast eben und führt mit grandiosem Blick auf das Karwendelgebirge und den Ort Mittenwald in Richtung Lautersee und Ferchensee. Viele Bänke laden zum Rasten, Verweilen und Genießen der Aussicht ein. Nach etwa 30 Min. überqueren wir einen kleinen Bach. Wir sind nun am Klausnergraben auf der Streuwiese, dem sogenannten »Bödele«. Der Weg schlängelt sich fast eben weiter und wir wandern durch Wiesen dem Wettersteingebirge entgegen.

Nach rund 500 m gabelt sich der Weg. Links geht es ins Leinbachtal und nach Mittenwald. Wir folgen dem Weg geradeaus und gehen zum Lautersee (2) hinab, der nur wenige hundert Meter vor uns – eingerahmt von Wetterstein- und Karwendelgebirge – in einer Schilf- und Moorlandschaft liegt. Am südöstlichen Ende des Sees sowie im Strandbad im Norden kann man baden oder im Strandcafé einfach nur die schöne Natur genießen.

Wir bleiben am Nordufer des Sees und wandern zuerst an der kleinen Kapelle und anschließend an der Lautersee-Alm und am Strandbad vorbei Richtung Ferchensee. Ab dem Hotel Lautersee steigt der Weg für 300 m recht steil an und windet sich in zwei großen Kehren den Berg empor. Bald wird die Steigung wieder gemächlicher und wir treffen am Ende des Anstiegs auf eine Fahrstraße, der wir nach rechts in Richtung »Ferchensee/Elmau« folgen. Der Weg ist nun wieder eben und wir kommen zügig vorwärts, sodass wir rund 20 Min. nach der letzten Weggabelung den Ferchensee erreichen. Hier empfängt uns die pure Idylle: Das Wasser glitzert grün und neben uns erheben sich die Ferchenseewände, die Wettersteinspitzen und der Kämikopf. Wir wandern am Ufer entlang bis zum Gasthaus Ferchensee (3), wo es sich vor der traumhaften Kulisse schön einkehren lässt und wo man vom Steg aus

Der Ferchensee, gesehen vom Ostufer.

die großen Karpfen erspähen kann, die hier zu Hause sind.

Am Gasthaus Ferchensee ist eine Haltestelle für den Bus nach Mittenwald. Wer will, kann die Tour dort beenden (siehe »Variante«, S. 15). Der Rückweg beginnt an der Terrasse des Gasthauses, wo ein schmaler Uferweg (Privatweg) direkt am See entlangführt. Der herrliche Ausblick auf das vor uns emporragende Karwendelgebirge sorgt für Kurzweil. Nach knapp 20 Min. haben wir wieder das östliche Ende des Sees erreicht. Wir halten uns rechts und folgen dem Wegweiser in Richtung Lautersee in den Wald. An der nächsten unbeschilderten Kreuzung wandern wir weiter geradeaus. Der Pfad führt im Wechsel leicht auf und ab durch einen schönen Mischwald. Nach etwa 15 Min. kommen wir an den nächsten Wegweiser zum Lautersee. Wir gehen nach links und treffen an der Fahrstraße auf ein Rasthäuschen mit Unterstand. Wir queren die Straße und haben nun wieder die Kreuzung erreicht, die wir bereits vom Hinweg kennen. Auf bekannter Strecke wandern wir zum Lautersee (2) hinab.

Hinter dem Strandbad Lautersee überqueren wir die Holzbrücke und gehen links um die Kapelle herum in Richtung Mittenwald. Gleich nachdem wir den Waldrand erreicht haben, gabelt sich der Weg. Als Variante zum Hinweg biegen wir hier nach rechts in Richtung Leintal (4) und Mittenwald ab. Wir wandern talwärts am Lauf des Leinbachs entlang und kommen bald in die idyllische Leinbachschlucht. Nach ungefähr 800 m erreichen wir die nächste Weggabelung, an der wir nach links Richtung »Höhenweg / Kranzberglift-Talstation / Geolehrpfad« abzweigen. (Achtung, wenn wir hier nicht abbiegen, landen wir in Mittenwald!)

Der Weg steigt nach der Abzweigung nochmals kurz an und stößt wenige Minuten später wieder auf den Geolehrpfad. Dieser führt uns schließlich mit herrlichem Blick auf das Karwendelgebirge fast eben zurück zum Parkplatz des Kranzbergliftes bei der Kärnter Alm (1).

Wettersteingebirge

2 Eckbauer, 1237 m

Hinab zur tosenden Partnachklamm

Der Eckbauer bei Garmisch ist ein Aussichtsberg mit fulminantem Blick auf Zugspitze, Alpspitze, Wettersteinwand und das Karwendelgebirge. Von der Bergstation der Eckbauerbahn aus wandern wir zum Berggasthof Eckbauer und von dort in Serpentinen zum Graseck hinab. Über Almwiesen und durch den Wald geht es hinunter zur Partnach. Wir durchqueren die spektakuläre Felslandschaft der Klamm und erleben ein besonderes Naturschauspiel. Diese Wanderung bietet viele großartige Ausblicke auf das Wettersteingebirge und eine sehr abwechslungsreiche Landschaft.

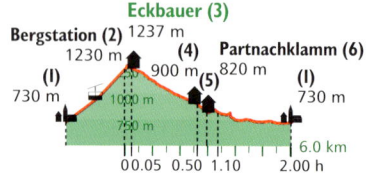

KURZINFO

Talort: Garmisch-Partenkirchen, 708 m.
Ausgangspunkt: Gebührenpflichtiger Parkplatz an der Talstation der Eckbauerbahn beim Olympia-Skistadion in Partenkirchen, 730 m.
Anfahrt: Mit dem Auto von München kommend auf der A 95 Richtung Garmisch-Partenkirchen, ab Autobahnende bei Eschenlohe auf der B 2 bis Garmisch-Partenkirchen. Nach dem Tunnel bei Farchant in Richtung Partenkirchen / Mittenwald. Der Beschilderung zum Skistadion folgen (Navi: Wildenauerstraße / 82467 Garmisch-Partenkirchen).
Mit der Bahn ab München Hbf. stündliche Verbindung nach Garmisch-Partenkirchen Bhf. (ca. 1.30 Std. Fahrzeit). Vom Bahnhof mit dem Bus Richtung Klinikum bis zur Haltestelle Skistadion.
Eckbauerbahn: Betriebszeit täglich 9–17.30 Uhr, Tel. +49 8821 3469, www.eckbauerbahn.de.
Gehzeit: 2.00 Std.
Distanz: 6 km.
Höhenunterschied: Gut 500 m im Abstieg.
Anforderungen: Diese Wanderung führt ausschließlich bergab. Bis auf eine etwas steilere Passage von 1000 m nach dem Gasthof Eckbauer ist das Gefälle moderat. Für Wanderer mit Knieproblemen empfiehlt es sich, die Tour in entgegengesetzter Richtung zu gehen. Allerdings ist für den Aufstieg eine gute Kondition von Vorteil. Die Route führt über gepflegte Wander- und Almfahrwege sowie zahlreiche Treppenstufen. In der Klamm ist der Boden oft nass und es ist etwas Vorsicht geboten.
Rast: Unterwegs immer wieder Bänke zum Rasten und Genießen der Aussicht sowie drei Einkehrmöglichkeiten.
Einkehr: Berggasthof Eckbauer, 1237 m, ganzjährig geöffnet, Mittwoch Ruhetag, Tel. +49 8821 2214, www.eckbauer.de. Almwirtschaft Hanneslabauer, Tel. +49 8821 53131 (vom Eckbauer kommend »Das Graseck« links liegen lassen und 200 m weiter geradeaus gehen). Wettersteinalm, 900 m, ehemaliger Viehhof aus dem 16. Jahrhundert, kleine Brotzeiten, wetterbedingte Öffnungszeiten.
Kinder: Auf dieser Tour wird es Kindern nicht langweilig. Dafür sorgen eine Fahrt mit der Gondel, ein Spielplatz am Gasthof Eckbauer und das tosende Wasser der Partnachklamm. Es besteht die Möglichkeit, die Tour durch eine zweite Gondelfahrt und eine Kutschfahrt abzukürzen.
Touristeninformation: Stadt Garmisch-Partenkirchen, Richard-Strauß-Platz 2, 82467 Garmisch-Partenkirchen, Tel. +49 8821 180700, www.gapa.de.

Blick von der Bergstation auf die Alpspitze.

Die 2019 neu erbauten 6er-Gondeln der Eckbauerbahn bringen uns von der Talstation (1) bequem auf 1236 m Höhe. Während der Bergfahrt können wir im Norden den Wank und im Süden prominent das Wettersteingebirge sehen. An der Bergstation (2) begrüßt uns die Alpspitze. Wir wandern auf diese zu und erreichen rund 150 m später den Berggasthof Eckbauer (3). Von dort haben wir einen eindrucksvollen Blick auf Zugspitze, Alpspitze, Wettersteinwand und das Karwendelgebirge.

Wir gehen hinter dem Haus herum hinab zum Kinderspielplatz und folgen dem Wegweiser in Richtung Graseck. Der Weg führt uns in Serpentinen in den Wald und schlängelt sich zunächst etwas steiler, aber dann moderat bergab. Wir wandern durch dichten Nadel- und Mischwald mit vielen Rastmöglichkeiten am Wegrand. Nach rund 20 Min. wird der Weg kurz steiler und geht dann in Treppenstufen über. Nun lichtet sich der Wald und wir können immer wieder auf die Alpspitze, die Zugspitze und die Nordseite des Kreuzecks sehen. Nach rund 30 Min. Gehzeit erreichen wir einen breiten Fahrweg und biegen nach rechts in diesen ein. Leicht abwärts wandern

wir weiter in Richtung Partnachklamm und Forsthaus Graseck. Zu unserer Linken können wir erste Blicke in die Partnachschlucht werfen. Das Rauschen des Wassers begleitet uns jedoch nur kurz, denn bald schon verlassen wir den Wald und gehen über Almwiesen auf das vor uns liegende **Alpenresort Graseck (4)** zu. Dabei haben wir eine schöne Aussicht auf die Kramerspitze und hinab ins Tal. Am Graseck können wir die Tour verkürzen und bequem mit der nostalgischen Graseck-Bahn ins Tal fahren.

Für den Rückweg zu Fuß gehen wir links am Haus vorbei und folgen der Beschilderung zur Partnachklamm. Kurz darauf erreichen wir über Almwiesen die idyllische **Wettersteinalm (5)**, die hausgemachte Kuchen und kleine Brotzeiten anbietet. Anschließend kommen wir wieder in den Wald und steigen über viele Treppenstufen hinab zur **Partnach**. Wir folgen ihrem Lauf bis zum Eingang der **Partnachklamm (6)**. Ein in den Fels gehauener, fast ebener und gut gesicherter Weg führt uns durch ein Tunnelsystem am Wasser entlang. Es bietet sich ein faszinierendes und einzigartiges Naturschauspiel: Über uns türmen sich überhängende Felsen und neben uns schäumt und tost die Partnach. Nach etwa 15 Min. verbreitert sich die Schlucht und wir erreichen das Kassenhäuschen. Der Obulus von 6 Euro lohnt sich wirklich. Danach kommen wir an der Pitzner Hütte vorbei und folgen dem asphaltierten Wanderweg entlang dem Fluss bis zum **Gasthof Partnachklamm**.

Wer müde Beine hat und die letzten 30 Min. bis zum Parkplatz nicht mehr gehen möchte, kann hier mit etwas Glück eine der Kutschen ergattern, die zwischen dem Gasthaus und dem Skistadion verkehren. Andernfalls gehen wir an der Talstation der **Graseckbahn** vorbei und folgen der asphaltierten Fahrstraße entlang der Partnach. Wir kommen am E-ON Umspannwerk Ost und an der Lenzenhütte vorbei und erreichen nach 30 Min. die **Talstation der Eckbauerbahn (1)** am Skistadion.

Die steilen, überhängenden Felswände der Partnachklamm.

WUSSTEN SIE SCHON?

Skispringen hat eine lange Tradition in Garmisch. Die erste Skisprungschanze wurde im Jahr 1904 erbaut, als der Rodel- und Skiclub Partenkirchen entstand. Bereits 1922 wurde auf dieser Schanze das erste internationale Neujahrsspringen ausgetragen. Als Garmisch den Zuschlag erhielt, die vierten Olympischen Spiele im Jahr 1936 auszutragen, entstanden viele neue Sportstätten. Unter anderem wurde eine große Olympiaschanze erbaut, die neben der kleinen Schanze errichtet wurde. Der Anlaufturm war eine reine Holzkonstruktion von 43 m Höhe. Im Jahr 1950 erhielt die Sprungschanze einen stählernen Anlaufturm. Die Konstruktion war die erste weltweit in dieser Bauweise. Mehrfach wurde in den folgenden Jahren umgebaut, um den modernen Anforderungen einer Schanze zu genügen. Im April 2007 mussten der Anlaufturm und der Schiedsrichterturm gesprengt werden, denn neue Anforderungen im Reglement der FIS erforderten einen Neubau. Dieser Neubau der Schanze war in aller Munde, denn die Baukosten betrugen rund 14 Millionen Euro. Seit Dezember 2007 ist die neue Schanze in Betrieb und bis heute finden regelmäßig große internationale Veranstaltungen statt, wie zum Beispiel das Neujahrsspringen im Rahmen der Vier-Schanzen-Tournee.

3 Hochalm, 1703 m

Aug in Aug mit den Wetterstein-Riesen

Diese Kurzwanderung beginnt auf 1638 m Höhe und führt von der Bergstation Kreuzeck auf einem sonnigen Panoramaweg zur Hochalm am Fuß der Alpspitze. Auf der gesamten Route haben wir eine grandiose Aussicht. Bei gutem Wetter zeigt sich das Wettersteingebirge von der Oberen Wettersteinspitze über Rotplattenspitze, Wettersteinkopf, Musterstein, Dreitorspitze und Teufelsgrat bis hin zur Alpspitze. Mit dem benachbarten Karwendel und dem Estergebirge im Norden bietet sich uns stellenweise ein 360-Grad-Panoramablick.

KURZINFO

Talort: Garmisch-Partenkirchen, 708 m.
Ausgangspunkt: Parkplatz an der Talstation der Kreuzeckbahn, 760 m.
Anfahrt: Mit dem Auto von München kommend auf der A 95 Richtung Garmisch-Partenkirchen. Ab Autobahnende bei Eschenlohe auf der B 2 weiter bis Garmisch-Partenkirchen. Nach dem Tunnel bei Farchant in Richtung Garmisch. Der Beschilderung zur Kreuzeckbahn folgen (Navi: Am Kreuzeckbahnhof 1 / 82467 Garmisch-Partenkirchen).
Mit der Bahn ab München Hbf. stündliche Verbindung nach Garmisch-Partenkirchen Bhf. (ca. 1.30 Std. Fahrzeit). Ab Bahnhof mit der Linie 2 der Ortsbusse bis Kreuzeck/Alpspitzbahn (Fahrplaninfo unter: www.bahn.de). Alternativ kann man auch mit der Zahnradbahn der Zugspitzbahn (Bahnhofsgebäude direkt hinter dem DB-Bahnhof) bis zur Haltestelle Kreuzeck fahren.
Kreuzeckbahn: Ganzjährig in Betrieb (Wanderung aber nur in der schneefreien Zeit möglich), Revisionszeit von April bis Mitte Mai und von Nov. bis Mitte Dezember, www.grainau.de/kreuzeckbahn.
Gehzeit: 1.00 Std.
Distanz: 3 km.
Höhenunterschied: 70 m.
Anforderungen: Die Wanderung verläuft auf gut ausgebauten, breiten, auf den ersten 500 m ebenen Wegen. Die Steigung konzentriert sich auf den zweiten Wegabschnitt. Aufgrund der Kürze ist die Tour auch für wenig Trainierte gut gehbar.
Rast: Vereinzelt Bänke am Wegrand.
Einkehr: Kreuzeckhaus, 1650 m, an der Bergstation der Kreuzeckbahn, ganzjährig geöffnet außer zu den Revisionszeiten der Bergbahn, Tel. +49 8821 2202. Hochalm, 1703 m, zur Zeit nicht bewirtschaftet (2020). Café Bar Kandahar an der Talstation der Kreuzeckbahn, geöffnet wie Kreuzeckbahn.
Kinder: Aufgrund der breiten Wege ist die Wanderung auch mit Kindern gefahrlos möglich. Der Gipfelerlebnisweg (Variante) bietet viel Interessantes für Kinder.
Variante: 1) Von der Hochalm fährt man mit der Hochalmbahn auf den Osterfelderkopf, 2050 m. Dort bietet ein etwa 15-minütiger Rundgang auf dem Gipfelerlebnisweg grandiose Ausblicke auf die umliegenden Berge. Höhepunkt ist die frei hängende AlpspiX-Aussichtsplattform mit uneingeschränktem Blick in fast 1000 m Tiefe.
2) Man steigt von der Hochalm zu Fuß auf zum Osterfelderkopf (breiter Wirtschaftsweg, ca. 2.30 Std. Gehzeit, ca. 380 Hm).
Bei beiden Varianten fährt man anschließend mit der Alpspitzbahn ins Tal. Von der Talstation der Alpspitzbahn sind es nur 5 Gehminuten zum Parkplatz an der Talstation der Kreuzeckbahn.
Touristeninformation: Siehe Tour 2.

Der Aufstieg zur Hochalm bietet eine beeindruckende Aussicht.

Wir fahren mit der Kreuzeckbahn (1) in wenigen Minuten von 760 m hinauf zur Bergstation der Kreuzeckbahn (2), 1638 m, und können dabei die Aussicht auf die Alpspitze genießen. Direkt neben der Bergstation befindet sich das Kreuzeckhaus, 1650 m. Von der Terrasse hat man einen wunderschönen Blick auf das gesamte Wettersteinmassiv inklusive Zugspitze und Hochalm. Auch die Aussicht in Richtung Nordosten, auf Garmisch und die Garmischer Hausberge Wank und Kreuzjoch, ist sehr hübsch.

Wir starten unsere Wanderung auf dem Hauptweg, der neben der Bergstation beginnt, und folgen

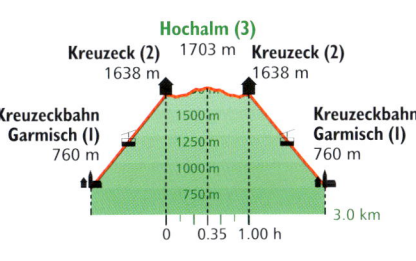

Blick vom Osterfelderkopf auf den Aufstieg von der Hochalm (Variante).

diesem in Richtung Hochalm. Bereits nach 100 m erreichen wir einen Aussichtspunkt mit Fernrohr. Von dort aus genießen wir eindrucksvolle Blicke ins Hochgebirge und können sogar das Königshaus am Schachen zwischen Dreitorspitze und Reintal ausmachen.

Etwa 300 m später folgt ein weiterer Aussichtspunkt. Zwei Panoramabänke laden zum Verweilen und Genießen ein. Kurz danach beginnt der Weg gemächlich anzusteigen und wird dann bis zur Hochalm Schritt für Schritt steiler. Wir folgen dem Panoramaweg und ignorieren alle Abzweigungen. Je höher wir kommen, umso eindrucksvoller wird die Landschaft. Beim Blick zurück sehen wir bald das Kreuzeckhaus, rechts daneben die Kreuzeckalm und das Kreuzjoch. Dahinter erhebt sich das Estergebirge.

Nach rund 35 Min. Gehzeit sehen wir am Fuß der Alpspitze die Hochalmbahn und die (derzeit unbewirtschaftete) Hochalm (3).

Der Abstiegsweg ist identisch mit dem Aufstiegsweg. Es sei denn, man erweitert die Tour zum Osterfelderkopf (siehe Varianten S. 22).

WUSSTEN SIE SCHON?

Zum Werdenfelser Land gehört der oberbayerische Alpenraum zwischen Murnau, Oberammergau, Schloss Linderhof, Mittenwald und der Zugspitze mit Garmisch-Partenkirchen als Mittelpunkt. Es zählt zu den am stärksten besuchten Gebieten Deutschlands. Der Name Werdenfels geht auf die im 12. Jahrhundert errichtete Burg »Wehr den Fels« zurück, die den Nordzugang der bedeutenden alten Handelsstraße über den Brenner beherrschte. Die Burg verfiel im 17. Jahrhundert, aus ihren Steinen wurde ein Jahrhundert später die Garmischer Pfarrkirche errichtet. Im 13. Jahrhundert schuf das Bistum Freising aus der »Grafschaft zu Partenkirchen und Mittenwald« die bis zum Jahr 1803 bestehende Grafschaft Werdenfels.

Wettersteingebirge

Rund um den Eibsee

Seewanderung am Fuße der Zugspitze

Auf rund 1000 m Höhe liegt umgeben von Wäldern und imposanten Gipfeln der Eibsee. Die Wanderung entlang dem Ufer eröffnet malerische Ausblicke auf den kristallklaren See und seine acht kleinen Inseln sowie auf den gewaltigen Kamm der Waxensteine und die Zugspitze. Die sieben Kilometer lange Route führt in zwei Stunden rund um den Bergsee. Die Gehzeit lässt sich um die Hälfte verringern, wenn man die Strecke vom Eibsee-Hotel bis zum Westufer des Sees mit dem Motorboot »Reserl« zurücklegt und von dort aus entlang dem Nordufer zurück zum Ausgangspunkt wandert.

K U R Z I N F O

Talort: Grainau, 758 m.
Ausgangspunkt: Großer Parkplatz am Eibsee, 985 m (gebührenpflichtig).
Anfahrt: Mit dem Auto von München kommend auf der A 95 Richtung Garmisch-Partenkirchen. Ab Autobahnende bei Eschenlohe weiter auf der B 2 Richtung Garmisch. Am Ende des Tunnels bei Farchant auf die B 23 Richtung Grainau. Dort der Beschilderung »Zugspitze« bis zum großen Parkplatz am Eibsee folgen (Navi: Am Eibsee 1–3 / 82491 Grainau). Mit der Bahn stündliche Verbindung von München Hbf. nach Garmisch-Partenkirchen. Von dort mit der Bayerischen Zugspitzbahn zum Eibsee. Vom Bahnhof sind es 200 m bis zum Startpunkt der Tour.
Gehzeit: 2.00 Std.
Distanz: 7,6 km.
Höhenunterschied: 60 m.
Anforderungen: Die Rundtour führt ohne größere Steigungen abwechselnd leicht bergauf und bergab. Die breiten Wanderwege sind gut befestigt und verlaufen zumeist in direkter Seenähe im Schutz der Bäume.
Rast: Immer wieder Bänke am Wegrand. Einkehrmöglichkeit nur zu Beginn und am Ende der Tour.
Einkehr: Eibsee-Alm, oberhalb des Eibseeparkplatzes gelegen, Sonnenterrasse, Abenteuerspielplatz, Spielzimmer, Dienstag Ruhetag, Betriebsruhe im April und von November bis Weihnachten, Tel. +49 8221 82411. Eibsee-Hotel, Restaurant mit großer Terrasse und Seeblick, kein Ruhetag, Tel. +49 8821 98810. Seerestaurant Eibsee-Pavillon, mit Seeterrasse, geöffnet von Mai bis Oktober, kein Ruhetag, Tel. +49 8821 8913. Weitere Infos zu den drei Gasthäusern unter: www.eibsee.de.
Kinder: Die Wanderung wird mit Kindern zu einem attraktiven Ausflug, wenn man die Hälfte des Weges mit dem Motorboot »Reserl« zurücklegt, das in der Nähe des Hotels ablegt und zum westlichen Ende des Eibsees fährt. Unterwegs bietet sich immer wieder die Möglichkeit, am flachen Wasser zu spielen. An der Eibsee-Alm gibt es darüber hinaus einen schönen Spielplatz mit einem alten Traktor und einem echten Ruderboot. Die Wanderung ist kinderwagengeeignet.
Badegelegenheit: Unterwegs gibt es mehrere Badestellen. Das Wasser ist aber das ganze Jahr über recht kalt.
Winter: Der Weg rund um den See ist im Winter geräumt.
Variante: Siehe »Kinder«.
Touristeninformation: Kurverwaltung Grainau, Parkweg 8, 82491 Grainau, Tel. +49 8821 981850, www.grainau.de.

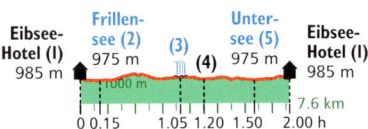

Wettersteingebirge

Die Wanderung beginnt direkt hinter dem Parkplatz beim **Eibsee-Hotel (1)** und ist als Eibsee-Rundweg ausgeschildert. Dieser führt uns vorbei am Eibsee-Pavillon und anschließend am bewaldeten Südufer des Sees in unmittelbarer Nähe des Wassers entlang. Jenseits des Eibsees können wir von den Geierköpfen über Kreuzspitze, Friedergrat und Scharfeck bis hin zu den Rauhköpfen sehen. Ein herrlicher Anblick, besonders an sonnigen Tagen, wenn das Wasser in tiefstem Türkisgrün erstrahlt. Während der ersten 15 Min. bis zum kleinen **Frillensee (2)** ist der Weg eben. Anschließend führt er immer wieder leicht bergauf und bergab bis zum Westufer des Eibsees, das wir nach ungefähr einer Stunde Gehzeit erreichen. Ab dem kleinen **Wasserfall (3)** ist das

Rundweg mit Aussicht auf den Eibsee und die umliegenden Berge.

Blick vom Nordufer auf die Zugspitze.

Panorama besonders schön. Vor uns ragt die Zugspitze, 2962 m, empor, und dieser imposante Blick auf den höchsten Berg Deutschlands begleitet uns von nun an bis fast zum Ende dieser Tour. Schöne Buchten und Badeplätze laden unterwegs zum Verweilen oder Schwimmen ein. Das Wasser ist jedoch das ganze Jahr über sehr frisch. Nachdem wir das Nordufer (4) erreicht haben, führt uns der Weg kurzzeitig vom See weg und es geht noch einmal etwas bergauf. Bald erreichen wir jedoch wieder das Ufer und den Untersee (5), den wir auf einem kleinen Steg überqueren. Danach sind es nur noch wenige Minuten, bis wir das Eibsee-Hotel (1) und den Parkplatz erreichen.

Zurück am Ausgangspunkt haben wir drei Restaurants zur Auswahl. Besonders gemütlich ist es auf der Eibsee-Alm, die etwas abseits vom Trubel oberhalb der Talstation der Zugspitzbahn liegt. Nach einem kurzen Anstieg wird man mit einer fantastischen Sonnenterrasse und der Aussicht auf den See und die Zugspitze belohnt. Von hier aus kann man auch die Kabinenbahn beobachten, die zum Gipfel der Zugspitze emporschwebt und scheinbar im Nichts verschwindet.

WUSSTEN SIE SCHON?

Der Eibsee entstand vor circa 3700 Jahren, als ein gewaltiger Bergsturz mit einer Fläche von 15 km^2, was in etwa dem Einzugsgebiet des Sees entspricht, und einem Volumen von 400 Millionen m^3 den Kessel schuf, in dem der See mit seinen acht Inseln heute liegt. Sein Name ist auf die Eibe zurückzuführen, die früher sehr zahlreich um den See herum wuchs. Heute ist sie direkt am See nur noch vereinzelt zu finden.

Ammergauer Alpen

5 Entlang dem Kramermassiv

Aussichtsreicher Höhenweg über Garmisch

Am Fuße des Königsstands oberhalb von Garmisch-Partenkirchen liegt der Pflegersee. Der kleine, malerische Bergsee hat einen besonderen Charme und sein Strandbad aus vergangenen Zeiten verleiht ihm ein nostalgisches Ambiente. Von dort starten wir unsere Tour zur Windbeutelalm. Mit gewaltigem Blick auf Alpspitze, Waxensteine und Zugspitze wandern wir auf einem bequemen, fast ebenen Höhenweg am Kramermassiv entlang. Um den einzigen steilen Wegabschnitt zu Beginn bzw. am Ende der Wanderung zu vermeiden, kann man am Einstieg zum Kramerplateauweg starten und die Tour somit um eine gute halbe Stunde verkürzen.

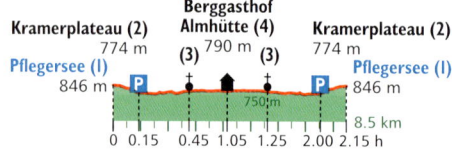

KURZINFO

Talort: Garmisch-Partenkirchen, 708 m.
Ausgangspunkt: Parkplatz am Gasthaus Pflegersee, 846 m.
Anfahrt: Mit dem Auto von München kommend auf der A 95 Richtung Garmisch. Ab Autobahnende bei Eschenlohe weiter auf der B 2 bis Garmisch. In Garmisch nach dem Gasthaus Sonnenbichl rechts in die Thomas-Knorr-Straße, nach 300 m nochmals rechts in die Pflegerseestraße abbiegen und auf dieser bergauf bis zum Parkplatz am Gasthaus Pflegersee (Navi: Pflegersee 1 / 82467 Garmisch-Partenkirchen).
Gehzeit: 2.15 Std.
Distanz: 8,5 km.
Höhenunterschied: 110 m.
Anforderungen: Flacher und gut befestigter Höhenwanderweg. Nur ein 1 km langer Anstieg am Ende der Wanderung, der jedoch umgangen werden kann, wenn man nicht am Pflegersee, sondern auf dem kleinen Parkplatz am Beginn des Kramerplateauweges parkt.
Rast: Unterwegs viele Bänke; Einkehrmöglichkeiten auf halber Strecke, sowie am Ende der Tour.
Einkehr: Berggasthof Pflegersee, mit Seeterrasse, kein Ruhetag, Pflegersee 1, 82467 Garmisch-Partenkirchen, Tel. +49 8821 2771, www.pflegersee.com.
Berggasthof Almhütte (Windbeutelalm), Panoramaterrasse, Küche ab 14 Uhr, Mittwoch Ruhetag, Maximilianshöhe 15, 82467 Garmisch-Partenkirchen, Tel. +49 8821 71417, www.berggasthof-almhuette.de.
Kinder: Am Pflegersee kann man Baden oder ein Ruderboot ausleihen. Unterwegs gibt es interessante Seitenpfade für Erkundungstouren. Schöner Spielplatz an der Almhütte. Kinderwagengeeignet.
Bademöglichkeit: Im Strandbad Pflegersee.
Winter: Der Kramerplateauweg ist im Winter geräumt.
Variante: An der Lichtung mit der Kriegergedächtniskapelle zweigt rechts ein Weg zum Berggasthof St. Martin ab. Auf dem Grasberg, am Südhang des Kramers gelegen bietet er eine der schönsten Aussichten auf das Zugspitzmassiv, das Estergebirge und die Orte Grainau und Garmisch-Partenkirchen. Wer sich auf dem Kramerplateauweg unterfordert fühlt, dem sei dieser sportliche, 30-minütige Abstecher zum Berggasthof St. Martin, 1026 m, empfohlen.
Touristeninformation: Stadt Garmisch-Partenkirchen, Richard-Strauß-Platz 2, 82467 Garmisch-Partenkirchen, Tel. +49 8821 180700, www.gapa.de.

Das Gasthaus am Pflegersee.

Wir parken direkt am **Pflegersee (1)** und gehen von dort aus einige Meter entlang der Straße zurück, auf der wir gekommen sind, bis wir linker Hand den Wegweiser »Kramerplateauweg« sehen, der uns bergab in den Wald führt. Bereits nach wenigen Minuten lichten sich die Bäume und wir haben einen herrlichen Blick auf die Alpspitze. Es geht leicht abwärts, bis wir nach 15 Min. wieder auf die Straße stoßen. Wir überqueren diese und haben den Beginn des **Kramerplateauwegs (2)** erreicht (alternativer Parkplatz).

Ab hier schlängelt sich der gut befestigte, von Bäumen gesäumte Weg ohne merkliche Steigung am Kramer entlang. Nach weiteren 15 Min. kommen wir an einem kleinen **Brunnen** vorbei, der mit seinem kühlen Quellwasser zu einer erfrischenden Rast einlädt.

Danach wird zu unserer Rechten der Blick frei auf die Gipfel des Kramermassivs. Zu unserer Linken ragt das Wettersteingebirge mit Alpspitze, Waxensteinen und Zugspitze empor. Wir wandern an Wiesen mit wilden Orchideen und Farn, kleinen Felsvorsprüngen und Gebirgsbächlein vorbei und kommen in den Genuss einer abwechslungsreichen Berglandschaft. Auch Rastmöglichkeiten gibt es auf dieser Tour viele. Einige Bänke sind sogar überdacht und fast alle bieten eine grandiose Aussicht auf das im Tal liegende Garmisch-Partenkirchen und auf das Wettersteingebirge.

Nach gut der Hälfte des Plateauwegs erreichen wir eine Lichtung, die den Blick auf eine kleine **Kapelle (3)**, die sogenannte Kriegergedächtniskapelle, freigibt. Dort zweigt

WUSSTEN SIE SCHON?

Die Orte Garmisch und Partenkirchen blicken auf eine lange Geschichte zurück. Partenkirchen entstand als römische Reisestation »Partanum«, da es an der wichtigsten Römerstraße für die Verbindung zwischen dem süddeutschen Raum und Norditalien, der sogenannten Via Claudia, lag. Garmisch, damals »Germareskauue« genannt, wurde 802 erstmals als Siedlung urkundlich erwähnt. Der Freisinger Bischof Magiera erwarb Garmisch 1249 und Bischof Emicho 1294 Partenkirchen. Bis zum Ende der Säkularisierung, also der Trennung von Staat und Kirche im Jahre 1802, blieben beide Orte in geistlichem Besitz. Im Hochmittelalter war Partenkirchen für die Fugger und Welser eine wichtige Station auf dem Weg nach Italien und erlebte so einen wirtschaftlichen Aufschwung. Der Ort blühte als Reise- und Handelsstation zwischen Augsburg und Venedig regelrecht auf. Für Garmisch war die Haupteinnahmequelle die Flößerei auf der Loisach, wo damals Güter wie Holz, Kalk, Kreide und Gips transportiert wurden.

Mit der Fertigstellung der Eisenbahnverbindung 1889 nach München setzte der Fremdenverkehr ein. Am 1. Januar 1935 schlossen sich die bis dahin selbstständigen Orte Garmisch und Partenkirchen wegen der im nachfolgenden Jahr stattfindenden IV. Olympischen Winterspiele (1936) zur Marktgemeinde Garmisch-Partenkirchen zusammen.

Vom Kramerplateau blickt man stets auf das mächtige Wettersteingebirge.

rechts ein Weg zum Berggasthof St. Martin ab (→ Variante).

Je näher wir dem Berggasthof Almhütte kommen, desto beeindruckender wird die Aussicht. Nach rund 3,5 km erreichen wir eine weitere Lichtung und sehen bald darauf zu unserer Linken ein kleines Biotop mit einem wunderschönen Seerosenteppich. Wenige Meter später gehen wir an der Wassertretstelle links und steuern geradewegs auf den Berggasthof Almhütte (4) zu, der wegen seiner hausgemachten Windbeutel auch unter dem Namen Windbeutelalm bekannt ist. Von der Sonnenterrasse blickt man auf die mächtigen Felswände des Zugspitzmassivs.

Zurück geht es auf demselben Weg und so können wir das prächtige Panorama und die herrliche Natur ein weiteres Mal genießen.

Ammergauer Alpen

Pürschlinghaus, 1554 m

Zum ehemaligen königlichen Jagdhaus ★★

Von dem bekannten Passionsspielort Oberammergau bringt uns der Sessellift auf den Kolbensattel. Von dort geht es auf reizvollen Pfaden durch den Wald. Dieser lichtet sich immer wieder und gibt schöne Blicke auf das Voralpenland frei. Der Anstieg zum Pürschlinghaus (August-Schuster-Haus) beginnt gemächlich. Im letzten Abschnitt wird der Weg steil, doch die Anstrengung lohnt sich. Das ehemalige Jagdhaus, in dem schon König Ludwig II. jeden Sommer einen Tag verweilte, liegt in exponierter Lage auf einem felsigen Gipfel. Von dort blickt man hinab ins Graswangtal sowie auf den Sonnenberggrat und das Estergebirge.

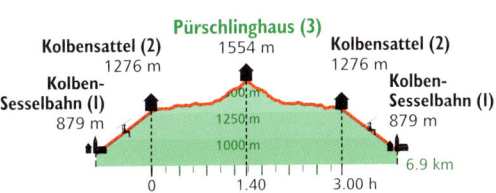

KURZINFO

Talort: Oberammergau, 837 m.
Ausgangspunkt: Parkplatz an der Talstation der Kolbensesselbahn, am südwestlichen Ortsrand von Oberammergau (860 m; gebührenpflichtig).
Anfahrt: Mit dem Auto von München kommend auf der A 95 Richtung Garmisch-Partenkirchen. Am Autobahnende auf der B 2 bis Oberau. In Oberau rechts auf der B 23 in Richtung Oberammergau. Dort der Beschilderung zum Kolbenlift folgen (Navi: Rottenbucher Straße / 82487 Oberammergau).
Mit der Bahn von München Hbf. nach Oberammergau Bahnhof in ca. 1.50 Std. mit einmal Umsteigen, weiter mit dem Bus oder zu Fuß (knapp 1 km) bis zur Talstation der Kolbensesselbahn.
Kolbensesselbahn: Im Sommer 10–17 Uhr in Betrieb, Tel. +49 8822 4760 oder +49 8822 935126 (Information), www.kolbensattel.de.
Gehzeit: 3.00 Std.
Distanz: 6,9 km.
Höhenunterschied: 295 m.
Anforderungen: Während der ersten Stunde der Wanderung leichte Steigung, dann folgt ein 40-minütiger, steiler Anstieg bis zum Pürschlinghaus, der etwas Kondition erfordert (rund 200 Hm auf 1,2 km). Die Route verläuft durch Wälder und Wiesen auf Wanderpfaden und Forstwegen.
Rast: Unterwegs gibt es nur zwei Bänke zum Ausruhen, Einkehrmöglichkeiten zu Beginn der Tour, auf dem Gipfel und am Ende der Tour.
Einkehr: Kolbensattelhütte, 1276 m, geöffnet von 1. Mai bis zum dritten Montag im Oktober, Tel. +49 8822 1222, www.kolbensattel.de. Pürschlinghaus (August-Schuster-Haus), 1554 m, ganzjährig geöffnet, geschlossen im April und im November, Tel. +49 8822 3567, www.dav-bergland.de.
Kinder: Interessant für Kinder: Fahrt mit der Sesselbahn, Bergabenteuer-Spielplatz an der Kolbensattelhütte, schmale Pfade auf der ersten Hälfte der Wanderung, Kühe und Pferde auf der zweiten Hälfte der Wanderung, Sommerrodelbahn von der Kolbensattelhütte bis ins Tal.
Touristeninformation: Ammergauer Alpen GmbH, Eugen-Papst-Str. 9a, 82487 Oberammergau, Tel. +49 8822 922740, www.ammergauer-alpen.de.

Ammergauer Alpen

WUSSTEN SIE SCHON?

Oberammergau ist nicht nur als Passionsspielort bekannt, sondern auch durch seine hübsch bemalten Häuserfassaden. Die sogenannte Lüftlmalerei findet hier ihren Ursprung. Ein Spaziergang durch den Ort lohnt sich. Sehenswert ist außerdem die barocke Pfarrkirche von Josef Schmuzer. Ebenfalls einen Besuch wert ist Schloss Linderhof, das nur 15 Autominuten von Oberammergau entfernt liegt. Das Schloss von König Ludwig II. und der prachtvolle Park sind ein beliebtes Ausflugsziel (Info unter: www.linderhof.de).

Wir starten an der **Talstation der Kolbenbahn (1)** und fahren mit dem Sessellift bequem zur 1270 m hoch gelegenen Bergstation am **Kolbensattel (2)** hinauf. Nach der Kolbensattelhütte gehen wir durch ein Gatter und biegen nach rechts. Der Weg steigt für einige Meter steil an und führt uns nach einer weiteren Rechtskurve in den Wald. Wir folgen der Beschilderung zum Pürschling. Der Pfad schlängelt sich nun mit kaum merklicher Steigung am Hang entlang. Nach rund 10 Min. lichtet sich der Wald und es geht mit schönem Blick ins Tal und auf die umliegenden bewaldeten Hügel weiter. Nach ungefähr 25 Min. Gehzeit kommen wir zu einem **Aussichtspunkt** mit zwei Bänken – das ist die erste Möglichkeit für eine kleine Rast. Kurz danach passieren wir ein Weidegatter und wandern noch mal 15 Min. durch den Wald. Nach insgesamt einer Stunde Gehzeit erreichen wir einen breiten Fahrweg (Nr. 234), den **Maximiliansweg**. Dieser wurde zur Erinnerung an eine Reise des bayerischen Königs Maximilian II. angelegt, die dieser 1858 unternommen hatte. Der Wunsch »seine

Das Pürschlinghaus vor der Kulisse der Zugspitze (hinten rechts).

Abstieg vom Pürschlinghaus am Fuße des Sonnenberggrats.

Berge« zu sehen, führte ihn vom Bodensee quer durch die Bayerischen Alpen bis nach Berchtesgaden.

Wir biegen nach links auf den Fahrweg ein und folgen diesem steil bergauf. Linker Hand sehen wir bald die Silhouette des Sonnenbergs und des Sonnenberggrats. In der Ferne erblicken wir bereits unser Ziel, das August-Schuster-Haus, das in exponierter Lage auf dem Pürschling thront. Bis dahin haben wir allerdings noch einen recht anstrengenden 40-minütigen Anstieg vor uns, denn es gilt auf knapp 1,2 km über 200 Hm zurückzulegen. Der Anstieg wird uns durch den Blick auf die umliegenden Berge und Almwiesen etwas erleichtert. Am Ziel angekommen haben wir eine herrliche Aussicht auf den Sonnenberggrat, das Graswangtal und das Estergebirge. Von der Terrasse des Pürschlinghauses (3) blicken wir außerdem auf das Wettersteingebirge und die Zugspitze.

Der Rückweg ist identisch mit dem Hinweg.

Mieminger Gebirge

7 Zum Seebensee, 1657 m

Panoramawanderung im Hochgebirge

Diese Wanderung von der Ehrwalder Alm zum Seebensee bietet grandioses Bergpanorama. Während wir mit der Bergbahn zur Ehrwalder Alm hinauffahren, türmen sich bereits die gewaltige Südwestflanke der Zugspitze und das Mieminger Gebirge vor uns auf. Begleitet von dieser Kulisse wandern wir taleinwärts über Almwiesen und später durch den Seebenwald. Auch im weiteren Verlauf der Tour blicken wir auf die Zugspitze, während wir entlang der zerfurchten Felsen der Mieminger Kette zur Seebenalm wandern. Ziel der Tour ist ein kleiner, wunderschöner Bergsee am Fuße der Ehrwalder Sonnenspitze. Die sanft ansteigenden Almwege machen das großartige, hochalpine Panorama auch weniger geübten Wanderern zugänglich.

Der kleine Seebensee wird von schroffen Felswänden eingerahmt.

Blick von den Ehrwalder Almwiesen zum Zugspitzmassiv.

KURZINFO

Talort: Ehrwald, 994 m.
Ausgangspunkt: Parkplatz an der Talstation der Ehrwalder Almbahn am oberen östlichen Ortsrand von Ehrwald, 1108 m (gebührenfrei).
Anfahrt: Mit dem Auto von München auf der A 95 bis Garmisch-Partenkirchen. Auf der Bundesstraße in Richtung Füssen. Über den Grenzübergang Griesen nach Ehrwald, in der Ortsmitte links Richtung Ehrwalder-Almbahn (Navi: Doktor-Ludwig-Ganghofer-Straße / A-6632 Ehrwald). Mit der Bahn von München Hbf. nach Ehrwald Zugspitzbahnhof (ca. 2 Std. Fahrzeit). Weiter mit dem Bus bis zur Talstation der Ehrwalder Almbahn (Fahrtzeit 10 Min.) oder zu Fuß durch den Ort in ungefähr 45 Min.
Ehrwalder Almbahn: Kleinkabinenbahn, Betriebszeiten Mitte Mai bis Mitte Oktober 8.30–17.30 Uhr, Mitte Dezember bis Ostern 8.30–16.30 Uhr, Tel. +43 5673 21255, www.ehrwalderalmbahn.at.
Gehzeit: 3.30 Std.
Distanz: 10,9 km.
Höhenunterschied: 200 m.
Anforderungen: Auf dem Hinweg bequemer Almfahrweg mit gemächlicher Steigung und alpiner Kulisse. Auf dem Rückweg Almfahrweg und Wanderpfade mit leichtem Gefälle.
Rast: Unterwegs immer wieder Bänke zum Rasten sowie eine Einkehrmöglichkeit nach ca. 1.20 Std. Gehzeit. Je nach Jahreszeit empfiehlt es sich, Verpflegung für unterwegs mitzunehmen, denn die Seebenalm ist nur in den Sommermonaten geöffnet.
Einkehr: Ehrwalder Alm, 1502 m, geöffnet Mitte Mai bis Mitte Oktober, Tel. +43 6573 21255. Tiroler Haus, ganzjährig geöffnet außer zu den Revisionszeiten der Seilbahn, Tel. +43 5673 2468180. Gasthof Alpenglühn, 1550 m, geöffnet Mitte Mai bis Mitte Oktober, Tel. +43 5673 2349. Seebenalm, 1575 m, geöffnet von Mitte Juni bis Anfang Oktober, Tel. +43 676 5946926.
Kinder: Um die Ehrwalder Alm und die Seebenalm gibt es viel Platz zum Herumtollen. Der Seebensee eignet sich gut zum Spielen am Wasser. Mit dem Kinderwagen kann man auf dem Almfahrweg bis zur Seebenalm gehen. Der letzte Abschnitt zum See ist allerdings zu steil und zu holprig.
Touristeninformation: Tiroler Zugspitz Arena, Schmiede 15, 6632 Ehrwald, Tel. +43 5673 20000, www.zugspitzarena.com.

Der Seebensee mit der Zugspitze im Hintergrund.

Vom Ortsrand von **Ehrwald (1)** aus trägt uns die Zwölfer-Gondel der Ehrwalder Almbahn in wenigen Minuten hinauf zur **Ehrwalder Alm (2)**, 1502 m. Zu Füßen der mächtigen Südflanke der Zugspitze beginnen wir unsere Wanderung und folgen dem breiten Almfahrweg vorbei am **Tiroler Haus (3)** in Richtung Seebensee und Seebenalm (Weg 34). Eskortiert von wuchtigen Felswänden kommen wir zum **Gasthof Alpenglühn (4)**. Wenige Minuten danach macht der Weg eine Rechtskurve und beginnt langsam anzusteigen und bald schon können wir in den Talkessel von Ehrwald blicken.

Nach etwa 20 Min. kommen wir in den Wald und erreichen die Abzweigung zur Pestkapelle. Wir halten uns an dieser Weggabelung rechts und folgen weiter der Beschilderung zum Seebensee und zur Seebenalm. Die eindrucksvollen Gipfel des Wettersteins und des Mieminger Gebirges ragen immer wieder zwischen den Nadelbäumen hindurch.

Nach weiteren 30 Min. erreichen wir **Ganghofers Rast**. Der überdachte Rastplatz bietet Gelegenheit zu einer Pause mit Blick auf die Mieminger Kette. Danach geht es 20 Min. bergauf, bis wir eine Anhöhe erreichen. Vor uns sehen wir bereits die Seebenalm, die knapp 10 Min. entfernt direkt unter den Felsabstürzen des Vorderen Tajakopfes liegt. Doch bevor wir weitergehen, lohnt sich ein Abstecher zum 50 m entfernten **Seebentalblick**. Von dort haben wir eine herrliche Aussicht auf den Talkessel von Ehrwald.

An der **Seebenalm (5)** zweigt linker Hand ein Schotterweg ab. Dieser führt nun etwas steiler in Richtung Seebensee und Coburger Hütte hinauf. Während des Aufstiegs blicken wir in nördlicher Richtung auf die Zugspitze, den Ehrwalder Talkessel sowie die Ehrwalder Almbahn. Gegenüber sehen wir die Ehrwalder Sonnenspitze und die Tajaköpfe. Nach 30 Min. haben wir den wunderschön gelegenen **Seebensee (6)** erreicht, in dessen türkisgrünem Wasser sich oft die Sonnenspitze, 2417 m, spiegelt. Ein schmaler Steg führt zum südlichen Teil des kleinen Bergsees, über dem hoch oben auf

Mieminger Gebirge

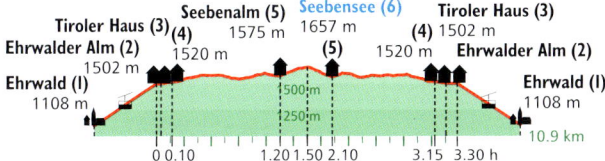

dem Fels die Coburger Hütte thront. Zahlreiche Bänke am Ufer laden zum Verweilen und Genießen ein. Ein Sprung ins Wasser sei aber nur Unerschrockenen empfohlen – es ist auch im Sommer eiskalt.

Zur Seebenalm (5) gehen wir auf derselben Strecke zurück. Wer anstelle des Almfahrwegs einen alternativen Rückweg bevorzugt, kann an der Seebenalm nach rechts in Richtung Ehrwalder Alm abbiegen. Auf einem Steig geht es in leichtem Auf und Ab über einen Latschenkieferhang. Anschließend schlängelt sich der Weg durch den Wald, wo wir durch die Bäume hindurch immer wieder die Zugspitze sehen. Wir ignorieren alle Abzweigungen und erreichen nach einer guten halben Stunde einen Weidezaun. Direkt danach beginnt ein geteerter Pfad, der 10 Min. später in den breiten Almfahrweg mündet, den wir bereits vom Hinweg kennen. Wir wenden uns nach rechts und folgen auf bekanntem Weg der Beschilderung zurück zum Gasthof Alpenglühn (4) und zur Ehrwalder Alm (2). Von dort geht es mit der Gondelbahn wieder hinunter nach Ehrwald (1).

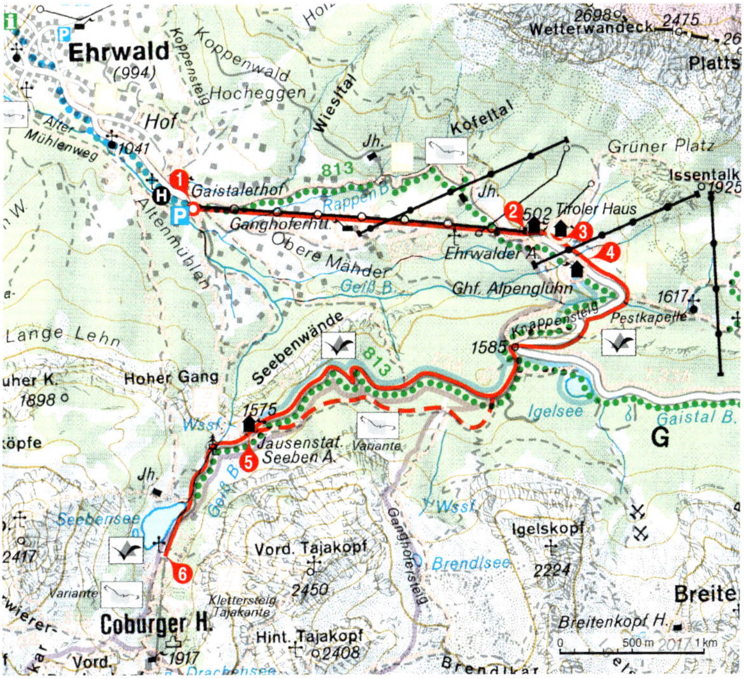

Alpenvorland

8 Am Staffelsee

See- und Moorwanderung mit Bergblick

Dieser sonnige und geruhsame Spaziergang beginnt am Nordufer des Staffelsees und bietet bei Fernsicht eine herrliche Alpenkulisse. Er führt zuerst am Seeufer entlang und später durch weitläufige Moorwiesen. Wer eine ausgedehnte Wanderung bevorzugt, kann die Route am Westufer fortsetzen und erreicht nach knapp dreieinhalb Stunden Gehzeit das südöstliche Ende des Sees, von wo aus man mit dem Schiff zum Ausgangspunkt der Tour zurückkehrt. Beide Varianten bieten zahlreiche Bademöglichkeiten.

KURZINFO

Ausgangspunkt: Parkplatz beim Gasthof Alpenblick in Uffing, 652 m.
Anfahrt: Mit dem Auto von München kommend auf der A 95 bis Ausfahrt Sindelsdorf. Auf der B 472 weiter bis zum Kreisverkehr an der B 2. Ab hier folgt man der Beschilderung nach Uffing und im Ort der Hauptstraße und den Schildern in Richtung Strandbad und Tennisanlage bis zum Gasthof Alpenblick (Navi: Kirchtalstr. 30 / 82449 Uffing am Staffelsee).
Mit der Bahn von München Hbf. in etwa 50 Min. nach Uffing Bhf. Von dort etwa 20 Min. Fußweg bis zum Ausgangspunkt.
Staffelsee-Schifffahrt: Verkehrszeiten von 1. April bis 1. Oktober, www.staffelsee.org.
Gehzeit: 1.30 Std.
Distanz: 5,5 km.
Höhenunterschied: 20 m.
Anforderungen: Die kurze Variante führt auf Pfaden und Kieswegen durch das Moor. Eine kurze, sanfte Steigung.
Rast: Unterwegs viele Aussichtsbänke zum Rasten. Einkehrmöglichkeit nur am Anfangs- bzw. Endpunkt der Tour.
Einkehr: Seerestaurant Alpenblick, mit Biergarten und schöner See- und Alpensicht, von Mai bis September kein Ruhetag, von Oktober bis April donnerstags, Kirchtalstr. 30, 82449 Uffing am Staffelsee, Tel. +49 8846 9300, www.seerestaurant-alpenblick.de.
Kinder: Die kurze Variante ist für Kinder sehr gut geeignet und auch kinderwagentauglich. Weitläufige Wiesen, zahlreiche Bademöglichkeiten am flachen Ufer, ein Kinderspielplatz sowie die Bootsanlegestelle am Gasthof Alpenblick sorgen für Spaß und Abwechslung.
Bademöglichkeit: Unterwegs zahlreiche Badestellen sowie zwei Strandbäder.
Variante: Ausgedehnte, dreieinhalbstündige Wanderung am West- und Südufer bis nach Murnau. Details im Text.
Touristeninformation: Touristeninformation Murnau, Untermarkt 13, 82418 Murnau, Tel. +49 8841 476240, www.dasblaueland.de.

Wir starten am Seerestaurant Alpenblick (1) neben dem Strandbad und gehen zunächst wenige Meter auf der Straße zurück, auf der wir gekommen sind. Kurz nach dem Seerestaurant Alpenblick zweigt links ein Kiesweg ab, der als Wanderweg »Kleine Staffelseeschleife« beschildert ist. Der Pfad führt uns direkt am See entlang und bietet bereits hier schöne Blicke auf die umliegenden Berge. Nach rund 10 Min. erreichen wir das Gemein-

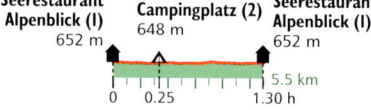

Blick auf die Ach und die Moorlandschaft bei Uffing.

debad. Wir wandern am Segelclub und am Campingplatz (2) vorbei, durchqueren ein 500 m langes Waldstück und verlassen anschließend die geteerte Straße, um nach links in einen schmalen Kiesweg abzubiegen. Wir folgen weiterhin der Beschilderung »Kleine Staffelseeschleife«. Der Pfad schlängelt sich leicht bergab durch Moorlandschaft und Wiesen, bis wir schließlich wieder das Ufer des Staffelsees erreichen, wo es erneut Bademöglichkeiten gibt. Zahlreiche Bänke säumen den Wegrand und bieten schöne Aussichten auf See und Berge und farbenfrohe Blumenwiesen.
Bald gabelt sich der Weg und an dieser Stelle müssen wir uns für die kurze oder die ausgedehnte Route entscheiden.

Seepanorama am Seerestaurant Alpenblick.

Die kurze Variante: Der Wanderweg »Kleine Staffelseeschleife« führt uns weg vom Wasser und steigt leicht an. Kurz vor der Anhöhe steht ein großer mächtiger Baum mit einer Bank darunter. Von dort aus haben wir einen wunderschönen Ausblick auf den See und die

Auf dem kleinen Staffelseerundweg.

WUSSTEN SIE SCHON?

Sagenhaftes: Der Murn vom Staffelsee. Einst lebte ein wilder Drache auf der Jakobsinsel im Staffelsee. Jede Nacht war sein Brüllen zu hören und in der Dunkelheit verschlang er seine Beute. Eines Nachts ruderte ein Schusterjunge zur Insel. Auf seinem Boot hatte er ein Opfertier versteckt, das er mit ungelöschtem Kalk ausgestopft hatte. Als der Drache den Köder gierig verschlungen hatte, ging er zum Ufer, um seinen Durst zu löschen. Da verband sich das Wasser mit dem Kalk zu einer tödlichen Mischung und der Murn war besiegt.

Jahre später, um 1322, ritt Kaiser Ludwig der Bayer zum Kloster am Staffelsee. Er versprach, dass derjenige, der ihm die Stiefel richten könne, ohne dass er absteigen müsse, einen Wunsch frei habe. Und tatsächlich gelang es einem Schusterjungen. Er wünschte sich den Murn als Wappentier seiner Heimat. Und so kam der Ort Murnau zu seinem Namen.

Berge. Am Ortseingang von **Uffing** biegen wir vor den ersten Häusern scharf rechts in einen schmalen Fußweg, der als »Staffelseerundweg 1« beschildert ist und uns am Sportplatz vorbei durch Wiesen und über eine kleine Holzbrücke führt, bis wir schließlich die Straße erreichen. Nachdem wir diese überquert haben, folgen wir weiter dem Fußweg und sehen nach wenigen Minuten den Staffelsee und das **Seerestaurant Alpenblick** vor uns. Wir biegen nach links und gleich wieder nach rechts und sind zurück am Parkplatz. Spätestens jetzt ist es Zeit für eine Rast und, wenn es die Jahreszeit erlaubt, für ein Bad im See. Im Biergarten des Seerestaurants Alpenblick sitzt man mit Bergpanorama direkt am Wasser.

Die lange Variante: Für die ausgedehnte, dreieinhalbstündige und rund 13 km lange Variante gehen

Alpenvorland

wir nach der oben genannten Kreuzung weiter geradeaus und bleiben vorerst am See. Wir kommen immer tiefer in das Moorgebiet und die Pflanzenwelt wird noch bunter und typischer für diese Region. Am Westufer entfernt sich der Weg vom Wasser, da diese Seite des Staffelsees morastig und schilfbewachsen ist. Wir folgen dem Staffelseerundweg 1, der uns auf einem geteerten Sträßchen zunächst einen Kilometer Richtung Norden und anschließend, nach einer scharfen Kehre, in Richtung Süden führt. Nach einem Kiefernwald gelangen wir in das Obernacher Moos. Durch weitläufige Moor- und Wiesenlandschaft geht es weiter, vorbei an zahlreichen Bachzuläufen. Anschließend erreichen wir das Südufer des Staffelsees. Ab hier führt der Weg bis nach Murnau direkt am Wasser entlang. Auf diesem Abschnitt gibt es wieder mehrere schöne Badestellen. Am Südost-Ende des Sees kommen wir an eine Bootsanlegestelle. Von hier verkehrt viermal täglich ein Schiff, das uns zurück zum Gasthof Alpenblick in Uffing bringt. Wer mit dem Zug angereist ist, geht jedoch besser direkt zum Bahnhof Murnau weiter. Dazu hält man sich an der Bootsanlegestelle zuerst Richtung Seehausen und folgt wenige Meter später dem Weg, der rechts am Minigolfplatz vorbei über eine Wiese den Hang hinaufführt. Nach knapp 800 m erreicht man den Bahnhof Murnau.

Alpenvorland

9 Durch das Murnauer Moos

Mooswanderung mit Alpenblick

Das Murnauer Moos ist das größte Alpenrandmoor Mitteleuropas. Seine Größe, seine landschaftliche Vielfalt und seine schöne Alpenkulisse geben dieser Wanderung auf fast ebenen Wegen eine spezielle Note. Zuerst spazieren wir durch das weitläufige Hohenboigen Moos auf die Felswände des Estergebirges, des Wettersteins und der Ammergauer Alpen zu. Anschließend führt uns ein Bohlensteg mitten durch die wildromantischen Langen Filze. Im letzten Drittel der Tour wandern wir über einen Höhenrücken und blicken von oben über das Murnauer Moos und auf die Berge. Die sonnige Tour ist vor allem im Frühjahr und Herbst ein ideales Ziel.

Das Ramsachkircherl.

KURZINFO

Ausgangspunkt: Wanderparkplatz am Ramsachkircherl in Murnau, 623 m (gebührenpflichtig).
Anfahrt: Mit dem Auto von München kommend auf der A 95 Richtung Garmisch-Partenkirchen bis Ausfahrt Murnau. Am Ortseingang links halten, anschließend in der Ortsmitte links auf die B 2 Richtung Hechendorf und Eschenlohe, 300 m nach der Tankstelle rechts in die Ramsachstraße abbiegen (Navi: Ramsachstraße / 82418 Murnau).
Mit der Bahn von München Hbf. in etwa 50 Min. nach Murnau Bhf. Von dort ca. 30 Min. Fußweg bis zum Ausgangspunkt der Tour.
Gehzeit: 3.15 Std.
Distanz: 11,6 km.
Höhenunterschied: 75 m.
Anforderungen: Wanderung in sehr flachem Gelände auf breiten und gut befestigten Wegen. Ein Teilstück führt über einen Bohlensteg. Vorsicht, nach Nässe ist der Bohlensteg sehr rutschig. Im Sommer kann es auf dieser Tour sehr heiß werden, da es im Moor und auf dem Höhenrücken kaum Bäume gibt.
Rast: Vereinzelt Bänke zum Rasten, großer Rastplatz in den Langen Filzen, Einkehrmöglichkeit nur zu Beginn und am Ende der Tour.
Einkehr: Gasthof Ähndl, Ramsach 2, 82418 Murnau, Tel. +49 8841 5241, www.aehndl.de.

Alpenblick auf dem Höhenrücken über dem Murnauer Moos.

Kinder: Mit Kindern empfiehlt es sich, die unten aufgeführte Variante zu gehen. Zum einen verkürzt sich die Wanderung dadurch erheblich, zum anderen sind die Wege auf dem Höhenrücken für Kinder spannender. Es gibt kleine Pfade für Erkundungstouren und das Gelände ist nicht so flach wie im Moos. Wegen des Bohlenstegs ist der Moosrundweg nicht kinderwagentauglich.
Variante: Wer nicht den gesamten Rundweg laufen möchte, fährt mit dem Zug zum Murnauer Ortsteil Westried. Von dort erreicht man über den aussichtsreichen Höhenrücken oberhalb des Moors das Ramsachkircherl in rund 1 Std. Gehzeit. Anschließend auf dem Drachenstich-Rundweg Nr. 4 zur Lourdesgrotte, von dort über die Kottmüllerallee zum Münterhaus und weiter zum Bahnhof Murnau, den man nach 30 Min. erreicht.
Touristeninformation: Tourist-Information Murnau (siehe Tour 8).

Am **Wanderparkplatz Ramsachkircherl (1)** folgen wir der asphaltierten Straße Richtung »Gasthof Ähndl/Moosrundweg«. Nach 300 m sehen wir rechts das **Ramsachkircherl** und den Gasthof Ähndl. Die kleine Kirche wurde im Jahr 750 vom Hl. Bonifatius geweiht und gilt als das älteste Gotteshaus der Gegend. Direkt davor überqueren wir die Ramsach auf einer kleinen Brücke. Bereits von hier haben wir eine herrliche Aussicht. Vor uns liegen das Murnauer Moos und das angrenzende Eschenloher Moos. Dahinter ragen das Estergebirge, die Wetter-

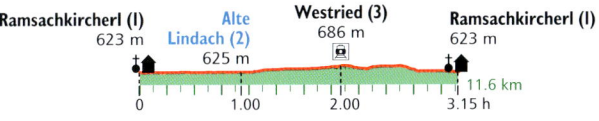

Alpenvorland

WUSSTEN SIE SCHON?

Die Malerin Gabriele Münter lebte von 1909 bis 1914 mit Wassily Kandinsky und später mit Johannes Eichner in Murnau. In dem nach ihr benannten Münterhaus gingen Maler wie Franz Marc, August Macke, Marianne von Werefkin oder der Komponist Schönberg ein und aus. Hinter diesen Mauern vollzog sich auch die Entwicklung zur gegenstandslosen Kunst und es entstanden die Entwürfe zum Almanach »Der Blaue Reiter«. Anlässlich ihres 80. Geburtstags schenkte Gabriele Münter 1957 einen Großteil ihrer eigenen Bilder sowie zahlreiche von Kandinsky zurückgelassene Werke der Städtischen Galerie im Lenbachhaus in München, die so den Rang eines Museums von internationaler Bedeutung erlangte. Gabriele Münter lebte bis zu ihrem Tod 1962 im Münterhaus. Es ist heute mit erhalten gebliebenen Gegenständen und Kunstwerken zur Erinnerung an sie eingerichtet. Öffnungszeiten: Dienstag bis Sonntag, 14–17 Uhr, Kotmüllerallee 6, 82418 Murnau.

stein-Riesen und die Ammergauer Alpen empor.

Wir wandern auf dem Moosrundweg 5 durch Streuwiesen Richtung Süden auf das Wettersteingebirge zu. Nach circa einer Stunde erreichen wir die erste beschilderte Kreuzung. Die auf dem Wegweiser ausgewiesenen Wanderwege klingen fast identisch. Wir wählen den Rundweg 5 in Richtung Westried und überqueren auf einer kleinen Holzbrücke die Alte Lindach (2).

Wir gehen nun gut 2 km lang nach Westen auf die Ammergauer Berge zu, bis das Sträßchen eine Rechtskurve macht und uns in Richtung Norden führt. Nach einem Schlagbaum verlassen wir erstmals das offene Gelände und kommen in den Wald. Es geht nun leicht bergauf. An der nächsten Verzweigung halten wir uns links auf dem Moosweg Nr. 5, doch schon 100 m später verlassen wir den Hauptweg und biegen rechts ab. Hier ist etwas Aufmerksamkeit geboten, denn die

Das Hohenboigenmoos.

Weggabelung ist zwar beschildert, wird aber leicht übersehen, da der abzweigende Pfad unscheinbar und schmal ist. Bald beginnt ein Bohlensteg, der uns auf einer Länge von rund einem Kilometer durch ein eindrucksvolles Hochmoor, die sogenannten »Langen Filze«, führt. Auf der Hälfte der Strecke liegt inmitten üppiger Vegetation ein Brotzeithäuschen, wo es sich gemütlich rasten lässt.

Am Ende des Stegs beginnt ein Forstweg, der uns durch den Nadelwald bis zum Ortsrand von Westried (3) führt. Nach den ersten Häusern halten wir uns rechts und folgen der Graf-Alban-Straße durch das Wohngebiet Richtung »Moosrundweg 5/Ähndl«. Zwischen den Häusern hindurch erhaschen wir herrliche Blicke auf die Alpen. Es geht nun ein kurzes Stück bergauf und dann auf der Moosrainerstraße gleich wieder bergab. In Moosrain biegen wir an der zweiten Querstraße nach links und wenige Meter später nochmals links auf den Fußweg zur Ramsachkirche (Wanderweg 5). Der Pfad schlängelt sich leicht ansteigend durch den Wald, bis wir eine Anhöhe erreichen. Nun beginnt der aussichtsreichste Teil der Wanderung. Von hier oben blicken wir über das gesamte Murnauer Moos sowie die Ortschaften Ohlstadt und Eschenlohe. Dahinter sehen wir vom Heimgarten über das Estergebirge und das Wettersteingebirge bis zu dem zum Ammergebirge gehörenden Hinteren Hörnle. Zahlreiche Panoramabänke laden ein, diesen Blick in Ruhe zu genießen, der uns anschließend auf dem Weiterweg begleitet. Wir überqueren zweimal die Bahngleise und erreichen etwa zwei Kilometer später eine Weggabelung an der sich der Moosrundweg zum Ähndl und der Moosrundweg zum Staffelsee kreuzen. Wir folgen dem Moosrundweg 5 zum Ähndl, der bald nach rechts abzweigt und sich über Treppenstufen den Hang hinabschlängelt. Danach führt er uns in leichtem Bergauf und Bergab in östlicher Richtung zum Ramsachkircherl (1) zurück.

Alpenvorland

10 Kreut-Alm

Von Ohlstadt über die Hohe Tanne ★

Ohlstadt, am Fuße des Heimgartens, ist ein bekanntes Bobfahrer- und Wetzsteinmacherdorf. Es ist Ausgangspunkt dieser Tour, die auf den ersten Kilometern zwischen Viehweiden und Buckelwiesen hindurchführt. Dabei kommen wir an verschiedenen Aussichtspunkten mit Blick auf das Wettersteingebirge, die Ammergauer Berge und das Murnauer Moos vorbei. Nach einem längeren Abschnitt durch schattigen Hochwald erreichen wir die aussichtsreich gelegene Kreut-Alm. Sie bietet einen wunderbaren Blick auf das Loisachtal, den Kochelsee, das Kloster Schlehdorf sowie den Jochberg, den Rabenkopf und die Benediktenwand. Anschließend wandern wir über das Gestüt Schwaiganger zurück nach Ohlstadt.

In Ohlstadt.

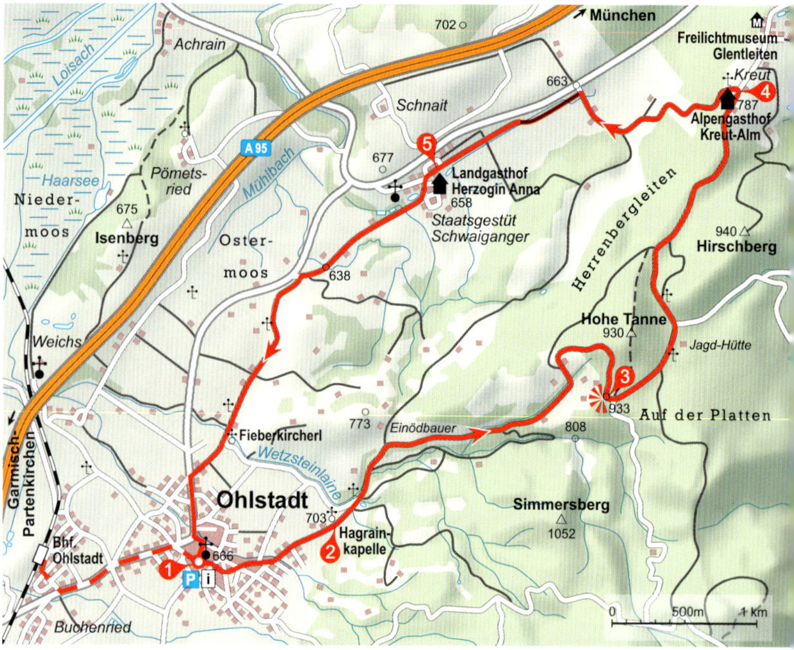

KURZINFO

Ausgangspunkt: Parkplatz am Rathaus und der Gästeinformation in Ohlstadt, 666 m.

Anfahrt: Mit dem Auto von München kommend auf der A 95 Richtung Garmisch-Partenkirchen bis Ausfahrt Murnau. Weiter in Richtung Ohlstadt. Im Ort der Beschilderung zum Rathaus und zur Gästeinformation folgen (Navi: Rathausplatz 1 / 82441 Ohlstadt).

Mit der Bahn von München Hbf. stündliche Verbindung nach Ohlstadt Bhf. (Fahrzeit ca. 1 Std.). Von dort 1,4 km zu Fuß bis zum Ausgangspunkt der Tour (vom Bahnhofweg links in die Partenkirchner Straße, anschließend rechts in die Hauptstraße zum Rathaus).

Gehzeit: 3.50 Std.
Distanz: 12,8 km.
Höhenunterschied: 250 m.
Anforderungen: Wanderung auf befestigten, teilweise geteerten Landwirtschaftswegen durch Wald und Wiesen. Auf dem Hinweg zunächst moderate Steigung, gefolgt von einem steilen, 1,5 km langen Anstieg. Anschließend wieder gemächlich bis zur Kreut-Alm. Der Rückweg beginnt mit einem steilen 1,5 km langen Abstieg. Im Anschluss auf flachen Wegen bis Ohlstadt.

Rast: Vereinzelt Bänke. Erste Einkehr-

Beim Gestüt Schwaiganger.

möglichkeit nach 2 Std. Gehzeit.

Einkehr: Alpengasthof Kreut-Alm, 787 m, Kreut 1, 82439 Großweil, kein Ruhetag, Tel. +49 8841 626430, www.kreutalm.de. Landgasthof Herzogin Anna, Schwaiganger 1, 82441 Ohlstadt, Montag Ruhetag, Tel. +49 8841 626430, www.gasthofschwaiganger.de.

Kinder: Viele weidende Kühe und Pferde sowie ein Spielplatz an der Kreut-Alm. Mit dem Kinderwagen möglich, aber stellenweise steil!

Touristeninformation: Gästeinformation Ohlstadt, Rathausplatz 1, 82441 Ohlstadt, Tel. +49 8841 7480, www.ohlstadt.de.

Wir parken auf dem Rathausplatz bei der Touristeninformation Ohlstadt (1). Von dort leitet uns der Wanderwegweiser Nr. 6 »Freilichtmuseum / Kreut-Alm« über die Hauptstraße zur Hagrainstraße, der wir in nordöstlicher Richtung aus dem Ort hinaus folgen. Nach 10 Min. haben wir die Gemeinde Ohlstadt hinter uns gelassen und bereits ein bisschen an Höhe gewonnen. Wir wandern auf einem asphaltierten Landwirtschaftsweg zwischen Kuh- und Pferdeweiden hindurch zur Hagrainkapelle (2) und blicken bei gutem Wetter vom Murnauer Moos bis zur Zugspitze und dem Ammergebirge. Wir folgen dem Wanderweg Nr. 6 entlang eines kleinen Bächleins und gehen anschließend im Wechsel durch Wiesen,

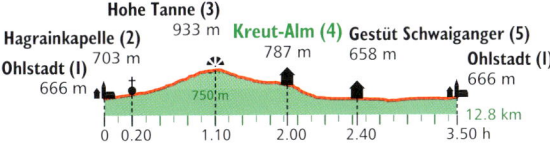

Alpenvorland

WUSSTEN SIE SCHON?

Ohlstadt kann auf eine über 600 Jahre alte Tradition als Wetzsteinmacherdorf zurückschauen. Bis zum Zweiten Weltkrieg benutzte man Wetzsteine vor allem zum Schärfen von Sensen und Sicheln. Das dazu notwendige quarzhaltige Gestein wurde in den Steinbrüchen östlich von Ohlstadt gewonnen und mit einer durch Wasserkraft angetriebenen Säge zu breiten Streifen geschnitten. Anschließend wurden die Steine mit dem Hammer bearbeitet und gewölbt. Im letzten Schritt bekamen sie in der Schleifmühle ihre endgültige Form. Die Hagrainkapelle, an der wir auf dieser Wanderung vorbeikommen, spielte damals eine wichtige Rolle. Sie ist dem Hl. Stephanus, dem Patron der Wetzsteinmacher geweiht. Bevor diese im Steinbruch ihre gefährliche Arbeit begannen, hielten sie in der Kapelle ein Gebet an ihren Schutzpatron. Im Freilichtmuseum Glentleiten, ganz in der Nähe der Kreut-Alm, kann man neben historischen Bauernhöfen, Mühlen und Werkstätten eine komplett aufgebaute Wetzsteinmacherei besichtigen.
Adresse: Freilichtmuseum Glentleiten, geöffnet Mitte März bis Ende Oktober, An der Glentleiten 4, 82439 Großweil, Tel. +49 8851 1850, www.glentleiten.de.

Wald und Hügellandschaft. Die Steigung nimmt nun Schritt für Schritt zu. Nach einer guten Stunde Gehzeit erreichen wir schließlich die **»Hohe Tanne« (3)**. An diesem Aussichtspunkt, der zugleich der höchste Punkt (933 m) dieser Tour ist, steht eine überdachte Bank, die nach dem Anstieg zu einer Rast einlädt.

An klaren Tagen genießen wir von hier aus einen wundervollen Fernblick. Wir können Rötelstein, Raubeck, Heimgarten und das weitläufige Murnauer- und Eschenloher Moos mit dem Wetterstein- und Ammergebirge im Hintergrund sehen.

Etwa 500 m weiter kommen wir zu einem zweiten **Aussichtspunkt**. Hinter dem Schlagbaum biegen wir nach links in Richtung Kreut-Alm (Wanderweg Nr. 6) ab. Ein Forstweg führt uns zunächst auf ebener Strecke und dann leicht abwärts durch dichten Hochwald. Etwa 30 bis 40 Min. später erreichen wir den Berggasthof **Kreut-Alm (4)**. Dieser liegt auf einem Höhenrücken und bietet einen schönen Ausblick auf den Kochelsee, das Loisachtal sowie die Benediktenwand, Rabenkopf, Jochberg, Herzogstand und Heimgarten.

Nach einer kleinen Rast machen wir uns auf den 6,5 km langen Rückweg, der uns über das Haupt- und Landgestüt Schwaiganger führt. Dazu folgen wir an der Kreut-Alm dem Weg Nr. 8 »Schwaiganger/Ohlstadt«. Wir wandern auf einer wenig befahrenen Straße etwa 1,5 km steil bergab durch den Wald. Dann erreichen wir offenes Gelände und biegen direkt vor der Landstraße nach links. Ein von Bäumen gesäumter Weg führt uns parallel zur Straße mit Alpensicht bis zum **Gestüt Schwaiganger (5)**. Wir gehen über das Gelände des Gestüts und zweigen am Parkplatz vor der Kapelle nach links und gleich nach dem Ententeich wieder rechts ab.

Nun folgen wir dem Radweg in Richtung Ohlstadt. An der Kreuzung beim **Fieberkircherl** halten wir uns auf dem Fieberkirchweg geradeaus bis zur Schwaiganger Straße. Auf diese biegen wir nach links ein und gehen entlang der Straße zurück zum Parkplatz in **Ohlstadt (1)**. Wer mit öffentlichen Verkehrsmitteln angereist ist, gelangt über die Partenkirchner Straße zurück zum Bahnhof.

Alpenvorland

An den Osterseen

Natur- und Vogelparadies mit Alpenkulisse ★★★

Diese Tour im Natur- und Vogelschutzgebiet der Osterseen führt durch eine märchenhafte Hochmoorlandschaft. Neben Blumenwiesen, sanften Hügeln und Wäldern bieten die Osterseen ein prächtiges Farbenspiel. Die Route führt auf ruhigen Pfaden entlang dem größten der insgesamt 19 Seen. Am Ostufer haben wir bei Fernsicht einen unvergleichlichen Blick auf das Wettersteingebirge und seine Nachbarn sowie auf die Barockkirche von Iffeldorf, die auf einer Anhöhe vor einer grandiosen Alpenkulisse liegt.

KURZINFO

Ausgangspunkt: Iffeldorf, 603 m. Bei Anreise mit dem Auto am Wanderparkplatz (gebührenpflichtig) am westlichen Seeufer in Iffeldorf, 590 m. Bei Anreise mit dem Zug am Bahnhof Iffeldorf, von dort rund 500 m Fußweg bis zum Einstieg in die Wanderroute.
Anfahrt: Mit dem Auto von München kommend auf der A 95 Richtung Garmisch-Partenkirchen bis zur Ausfahrt Penzberg/Iffeldorf. Auf der Landstraße weiter bis Iffeldorf. Am Kirchplatz die Hauptstraße in Richtung Gröben, Steinbach, Gutschwaig verlassen und nach 250 m rechts zum Parkplatz am westlichen Seeufer abbiegen (Navi: Jägergasse / 82393 Iffeldorf).
Mit der Bahn von München Hbf. bis Bhf. Iffeldorf in rund 50 Min.
Gehzeit: 3.00 Std.
Distanz: 10,4 km.
Höhenunterschied: 35 m.
Anforderungen: Lange, aber flache Wanderung, überwiegend auf befestigten Wanderwegen durch Hügellandschaft und Wald.
Rast: Unbedingt Brotzeit und Getränke einpacken – es gibt unterwegs keine Einkehrmöglichkeit, dafür einige Picknick-Bänke und Tische am Wegrand.
Einkehr: Landgasthof Osterseen, Restaurant und Terrasse mit Blick über die Osterseen, Hofmark 9, 82393 Iffeldorf, Tel. +49 8856 92860, Dienstag Ruhetag, www.landgasthof-osterseen.de.
Kinder: Der Badeplatz am Nordostufer ist für Kinder ideal. Das seichte Wasser eignet sich prima zum ungefährlichen Spielen und Baden. Diese Tour ist kinderwagengeeignet; nur nach Regen ist sie mit dem Kinderwagen nicht empfehlenswert, da Teile des Westufers leicht sumpfig werden.
Bademöglichkeit: Schöner Badeplatz am Nordostufer.
Touristeninformation: Tourist-Info, Staltacherstraße 34, 82393 Iffeldorf, Tel. +49 8856 90199214, www.iffeldorf.de.

Die Pfarrkirche von Iffeldorf.

Schilflandschaft am Ostufer.

Vom Parkplatz in **Iffeldorf (1)** folgen wir dem **Fohnsee-Rundweg** (Nr. 5), der uns auf einem Fußweg durch Felder und Wiesen führt. Nach einem kurzen Waldstück durchqueren wir eine Moor- und Schilflandschaft und stoßen anschließend auf ein asphaltiertes Sträßchen, dem wir in Gehrichtung folgen. Zu beiden Seiten des Weges genießen wir erste Blicke auf die Osterseen und in die Berge.

Nach rund 30 Min. erreichen wir die nächste Kreuzung. Wir gehen nach rechts Richtung **»Lauterbach Seeweg«** (Nr. 7) und wandern durch angenehm schattigen Wald. Vor uns funkelt der See türkisgrün in der Sonne. Nach zwei kleinen Anstiegen werden wir mit einem Meer aus Türkis und einer atemberaubenden Sicht auf die Osterseen und ihre kleinen Inselchen belohnt.

An der Privatklinik **Lauterbach-Mühle (2)** stoßen wir auf ein geteertes Sträßchen, dem wir nach

Alpenvorland

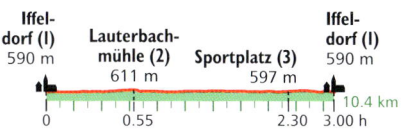

rechts folgen (Rundweg Nr. 7). Nach weiteren 10 Min. biegen wir nochmals nach rechts in einen schmalen Wiesenpfad ein. Der Wegweiser Richtung Lauterbach ist etwas versteckt im Gebüsch platziert, der Pfad jedoch deutlich zu erkennen. Er führt uns durch Wiesen an mehreren Picknickplätzen vorbei. Anschließend wandern wir ein kurzes Stück entlang der Bahnlinie und erreichen nach weiteren 20 bis 30 Min. einen traumhaften Aussichtspunkt und Badeplatz.

Wir folgen unserem Weg geradeaus in den Wald hinein. Nach etwa 30 Min. stoßen wir auf den Rundweg Nr. 6, den wir jedoch nur überqueren. 10 Min. später lichtet sich der Wald und nach einer Rechtskurve erreichen wir die asphaltierte Maffeistraße. Wir folgen dieser bis zum Sport- und Tennisplatz (3) von Iffeldorf und zweigen nach einer langen Rechtskurve in die Osterseenstraße ab. Dort stoßen wir auf den Fohnweg und biegen links in diesen ein. Nachdem wir um die Ecke gebogen sind, empfängt uns ein grandioses Panorama. Vor uns liegt die schmucke Pfarrkirche St. Vitus, dahinter glitzern die schneebedeckten Gipfel des Wettersteingebirges in der Sonne.

Um direkt zum Parkplatz zurückzukehren, biegen wir vor Haus Nr. 11a in Richtung »Ostersee Parkplatz« ab. Noch einmal geht es kurz bergab und wieder bergauf am schilfbewachsenen See vorbei bis zur Kirche. Die letzten Meter zum Parkplatz in Iffeldorf (1) gehen wir an der Straße entlang. Wer einkehren möchte, geht bei Haus Nr. 11a geradeaus und stößt wenige Minuten später auf die Straße »Hofmark«, wo sich zur Rechten der Landgasthof Ostersee befindet.

Das Naturschutzgebiet der Ostersee, gesehen vom Westufer.

Alpenvorland

12 Beim Kloster Benediktbeuern

Moorwanderung am Fuß der Benediktenwand

Benediktbeuern ist eine kleine Gemeinde am Fuße der 1801 m hohen Benediktenwand. Das traditionsreiche Kloster mit der schönen Barockbasilika ist weit über das Alpenvorland hinaus bekannt – unter anderem, weil dort die Textvorlage für Carl Orffs berühmte Komposition »Carmina Burana« gefunden wurde. Auf nahezu ebenen Wegen umrunden wir das Kloster und wandern mit herrlichem Blick ins Gebirge durch reizvolle Moorlandschaft. Im Anschluss können wir durch den Klosterhof schlendern, das Fraunhofer-Museum besuchen, in der Klostergärtnerei Gemüse, Kräuter und Blumen einkaufen oder im Klosterbiergarten den Tag gemütlich ausklingen lassen.

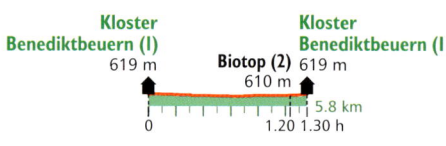

KURZINFO

Ausgangspunkt: Parkplatz an der Ostseite des Klosters Benediktbeuern, 619 m, gegenüber dem Bahnhof.
Anfahrt: Mit dem Auto von München über die A 95 bis Ausfahrt Sindelsdorf, weiter in Richtung Benediktbeuern. Dort dem Wegweiser zum großen Parkplatz am Kloster folgen (Navi: Don-Bosco-Straße / 83671 Benediktbeuern).
Mit der Bahn stündliche Verbindung von München Hbf. nach Benediktbeuern Bhf. (ca. 1.00 Std. Fahrzeit).
Gehzeit: 1.30 Std.
Distanz: 5,8 km.
Höhenunterschied: 25 m.
Anforderungen: Der einfache Spaziergang verläuft auf nahezu ebenen, gut befestigten, breiten Wanderwegen. Kein Schatten, an heißen Sommertagen nicht geeignet.
Rast: Unterwegs nur wenige Bänke. Einkehrmöglichkeit nur am Ausgangspunkt der Tour.
Einkehr: Klosterbräustüberl, Zeiler Weg 2, 83671 Benediktbeuern, Tel.

+49 8857 9407, kein Ruhetag, www.klosterwirt.de.
Kinder: Spannend für Kinder ab 5 Jahren ist die sogenannte Tümpelsafari, die vom Zentrum für Umwelt und Kultur angeboten wird. Mit Kescher und Sieb können die jungen Forscher im Erlebnisbiotop des Klosters unter fachkundiger Anleitung auf Entdeckungsreise gehen. Termine unter Tel. +49 8857 88-759. Für viel Spaß sorgt auch der gegenüber dem Erlebnis-Feuchtbiotop gelegene Barfußpfad, der Kinder und Erwachsene einlädt, zu erkunden, wie unterschiedlich sich Natur »anfühlen« kann. Außerdem gibt es am Klosterbräustüberl einen kleinen und schräg gegenüber vom Bahnhof einen großen Spielplatz. Die Tour ist kinderwagengeeignet.
Tipp: Das Zentrum für Umwelt und Kultur bietet ausgehend vom Kloster diverse Führungen zum Thema Natur an, viele davon sind kostenlos. Programm unter: www.zuk-bb.de.
Touristeninformation: Gästeinformation Benediktbeuern, Prälatenstraße 3, 83671 Benediktbeuern, Tel. +49 8857 248, www.benediktbeuern.de.

Wir beginnen die Wanderung am großen Parkplatz an der Ostseite des Klosters Benediktbeuern (1). Von dort gehen wir entlang der Bahnlinie auf dem Spatzenpointweg in Richtung Kochel. Am Ende der Klostermauer biegen wir rechts ab und wandern nach Westen. Wenige Mi-

Das Kloster Benediktbeuern.

nuten später erreichen wir die nächste Verzweigung. Hier gehen wir nach links und folgen dem Wegweiser »Rundweg Nr. 2« zuerst nach Süden und später nach Westen. Wir wandern nun durch schöne Moorlandschaft, die besonders im Frühjahr mit üppig blühenden Wiesen reizvoll ist. Während wir in einem großen Bogen das Kloster umrunden, begleitet uns auf der gesamten Strecke der Blick auf Benediktenwand, Jochberg, Herzogstand, Heimgarten und zahlreiche andere Gipfel.

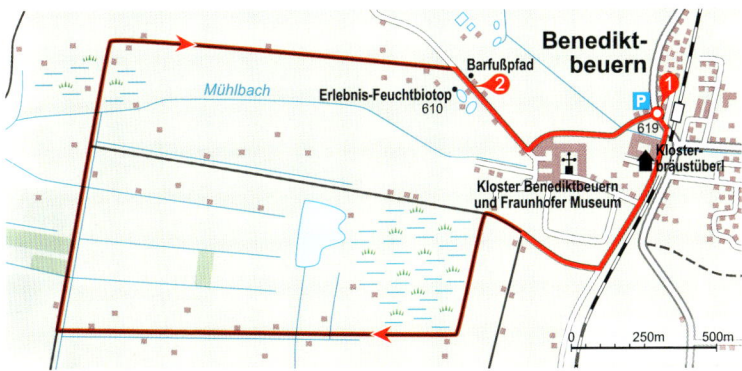

Frühsommerliche Moorwiesen auf dem Rundweg.

WUSSTEN SIE SCHON?

Benediktbeuern ist auch im Winter ein lohnenswertes Ausflugsziel. Besonders sehenswert ist die sogenannte Leonhardifahrt, die jedes Jahr an dem Sonntag, der dem 6. November am nächsten liegt, stattfindet. Zu Ehren des Hl. Leonhard ziehen um 9 Uhr morgens rund 50 Kutschen mit 250 prächtig geschmückten Pferden vom Dorfplatz zum Kloster Benediktbeuern. Begleitet wird der feierliche Festzug von den Gebirgsschützen und Musikkapellen aus den umliegenden Ortschaften. Im Arkadenhof werden Menschen und Tiere gesegnet und um 10 Uhr findet in der Basilika ein Wallfahrts-Gottesdienst statt.

Neben der Besichtigung des Klosters Benediktbeuern und der Basilika St. Benedikt lohnt sich ein Besuch der Fraunhofer-Glashütte. Das zum Kloster gehörende Museum zeigt Bild- und Textdokumentationen über die Arbeit von Josef Fraunhofer, der hier das Verfahren zur Herstellung von Präzisionslinsen entwickelte.

Nach knapp 1.15 Std. biegen wir in eine Allee ein. Wenige Meter später zweigt rechter Hand ein Weg zum **Erlebnis-Feuchtbiotop (2)** ab. Man kann dort Frösche und andere Kleintiere sowie diverse Pflanzen begutachten, die in Moorgebieten heimisch sind.

Von hier sind es nur wenige Meter bis zum Parkplatz am **Kloster Benediktbeuern (1)**. Bevor wir uns jedoch auf den Heimweg machen, sollten wir noch einen Blick in den Meditations- und Kräutergarten sowie den schönen Klosterhof werfen. Wer das um 740 erbaute Kloster besichtigt, erhält einen umfangreichen Eindruck vom künstlerischen und spirituellen Reichtum der letzten Jahrhunderte. Die Basilika im Baustil des italienischen Frühbarocks kann täglich 9–17 Uhr besichtigt werden, ebenso der gotische Kreuzgang und die Glashütte. Der Kurfürsten- und Barocksaal sind nur im Rahmen einer Führung zugänglich.

Alpenvorland

Rund um den Kirchsee

Vom Kloster Reutberg zum Koglweiher ★★

Die hübsche Barockkirche von Kloster Reutberg wird bei klarem Wetter von einer Alpenkulisse umrahmt, die vom Wilden Kaiser bis hin zum Karwendelgebirge reicht. Sie ist Ausgangspunkt dieser Wanderung, die uns zunächst durch Filzlandschaft und später im Schatten der Bäume entlang dem Kirchseeufer führt. Der See liegt in einem weitläufigen Naturschutzgebiet. Trotzdem ist an einigen ausgewiesenen Stellen das Baden erlaubt. Durch sein flaches und relativ warmes Wasser und den schönen Bergblick ist der Moorsee im Sommer ein beliebtes Badeziel. Im Frühjahr und Herbst lockt er die Wanderer durch seine farbenfrohe See- und Moorlandschaft mit Alpensicht an. Ziel der Wanderung ist der kleine Koglweiher am westlichen Ende der Kirchseefilze.

K U R Z I N F O

Ausgangspunkt: Parkplatz am Kloster Reutberg, 708 m.
Anfahrt: Mit dem Auto auf der A 8 bis Ausfahrt Holzkirchen. Weiter nach Holzkirchen und von dort auf der B 13 Richtung Bad Tölz. Kurz vor Sachsenkam rechts ab nach Reutberg. Parken am Kloster Reutberg (Navi: Am Reutberg 2 / 83679 Sachsenkam).
Gehzeit: 2.00 Std.
Distanz: 10,7 km.
Höhenunterschied: 20 m.
Anforderungen: Einfache Wanderung entlang dem See und durch Wald. Forstwege und asphaltierte Straßen ohne nennenswerte Steigungen.
Rast: Nur vereinzelt Bänke zum Rasten. Es ist empfehlenswert, Verpflegung für unterwegs einzupacken, es gibt nur am Ausgangs- bzw. Endpunkt der Tour eine Einkehrmöglichkeit.
Einkehr: Klosterbräustüberl Reutberg, Klosterbrauerei Reutberg, kein Ruhetag, Am Reutberg 2, 83679 Sachsenkam, Tel. +49 8021 8686, www.klosterbraeustueberl.de. Am Kirchsee gibt es einen Kiosk, der zur Badesaison Kleinigkeiten anbietet.
Kinder: Die Badestellen sind mit ihrem flachen und warmen Wasser prima für Kinder zum Baden und Spielen geeignet. Außerdem gibt es am Bräustüberl einen Kinderspielplatz. Die Wege sind alle flach und befestigt und somit sehr gut kinderwagengeeignet.
Bademöglichkeit: Am Kirchsee und am Koglweiher.
Touristeninformation: Tourist-Information Bad Tölz, Max-Höfler-Platz 1, 83646 Bad Tölz, Tel. +49 8041 78670, www.bad-toelz.de.

Wir parken direkt am **Kloster Reutberg (1)** zu Füßen der schönen Barockkirche, der Klosterbrauerei und des gemütlichen Bräustüberls. Von dort gehen wir zuerst in nördlicher Richtung entlang der Straße. Nach 300 m biegen wir nach links in die **Kirchseestraße** ab, die uns in knapp 20 Min. durch eine hübsche Filzlandschaft zum Parkplatz am Kirchsee

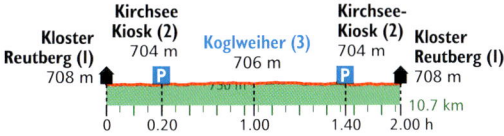

Alpenvorland

WUSSTEN SIE SCHON?

Auf der kleinen Anhöhe, auf der heute das Franziskanerinnenkloster Reutberg steht, errichteten Graf Johann Jakob Papafava und seine Frau Anna von Pienzenau im Jahr 1606 eine sogenannte »Santa Casa«. Der maßstabsgetreue Nachbau des heiligen Hauses von Nazareth wurde nach dem italienischen Vorbild in Loreto erbaut. Das Loretohaus ist noch erhalten, es bildet heute den Altarraum der Kirche. Das Kloster selbst wurde einige Jahre später errichtet, als der Graf nach einem vereitelten Mordanschlag auf seine Gemahlin mit all ihren Reichtümern geflüchtet war. Die Gräfin gelobte den Bau eines Klosters, wenn sie ihr Hab und Gut wiedererlange – und hielt ihr Versprechen. Das Kloster ist der Öffentlichkeit nicht zugänglich. Es lohnt sich aber, einen Blick in die Kirche zu werfen.

führt. Im Hochsommer müssen wir auf diesen ersten 1,5 km mit Autoverkehr rechnen, denn das Sträßchen führt zu einem großen Badeplatz. Außerhalb der Sommermonate ist die Straße nur wenig frequentiert. Am **Parkplatz Kirchsee** gehen wir am **Badekiosk (2)** vorbei und wandern auf einer breiten Forststraße ebenerdig in den Wald. Bald führt der Weg hinab zum Seeufer. Wir folgen der Beschilderung zum Koglweiher. Der Blick auf den unter Naturschutz stehenden Kirchsee und die dahinterliegenden Berge des Isarwinkels und Karwendels ist prächtig. Wir wandern im Wechsel durch Moorwiesen und Wald und genießen immer wieder die Aussicht auf den See und die Berge.

Nach einer längeren Passage bergab biegen wir nach links in Richtung Kirchbichl. Nach insgesamt einer Stunde Gehzeit erreichen wir den kleinen **Koglweiher (3)**, der inmitten von Wiesen liegt. Hier können wir picknicken, die Füße abkühlen und auch baden.

Anschließend geht es auf demselben Weg wieder zurück zum Kloster Reutberg. Auf dem Weg dorthin bietet sich im Sommer ein Stopp an der großen Badestelle beim Kiosk

Blick auf Kloster Reutberg.

Badestelle am Nordufer des Kirchsees.

an. Von dort aus hat man einen tollen Blick auf die Klostertürme und die Berge. Ein schöner Abschluss für diese zweistündige Wanderung ist ein Besuch im Klosterbiergarten. Bei guter Fernsicht macht das traumhafte Alpenpanorama vom Wilden Kaiser bis hin zum Karwendelgebirge den Aufenthalt zu einem wahren Genuss.

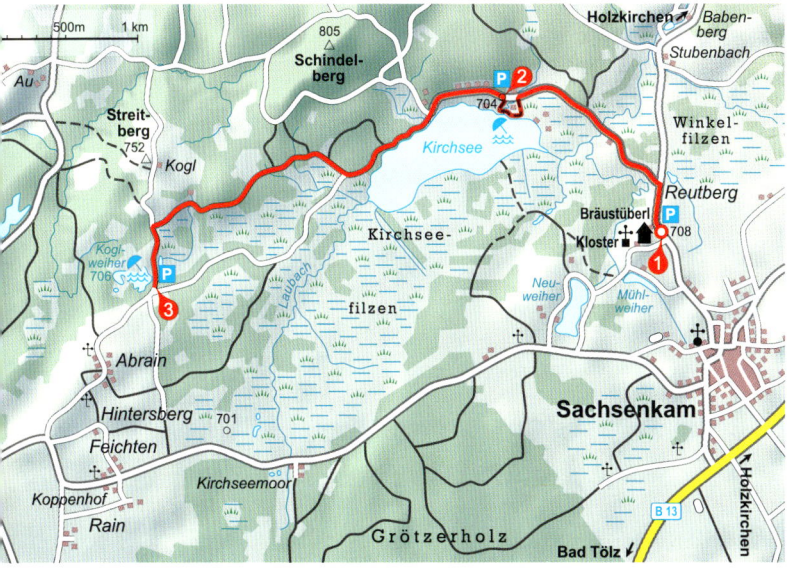

Alpenvorland

14 Zur Wallfahrtskapelle Nüchternbrunn

Panoramablick auf dem Taubenberg

Der Taubenberg ist kein richtiger Berg, sondern vielmehr eine Anhöhe auf 895 m mit sehr schönem Blick auf das Mangfalltal und das Mangfallgebirge. Diese Kurzwanderung führt uns vom Berggasthof Taubenberg zum alten Wasserturm und von dort durch den Wald zur Wallfahrtskapelle Nüchternbrunn, die idyllisch auf einer kleinen Lichtung liegt. Eine schöne Tour für heiße Tage, auf der man sich über große Teile der Strecke im Schutz des Waldes bewegt.

KURZINFO

Ausgangspunkt: Berggasthof Taubenberg, 825 m.
Anfahrt: Mit dem Auto auf der A 8 bis Ausfahrt Weyarn, weiter in Richtung Miesbach. In Thalham rechts abbiegen und über Gotzing zum Taubenberg. Parken direkt am Berggasthof Taubenberg (Navi: Taubenberg 13 / 83627 Warngau).
Gehzeit: 1.10 Std.
Distanz: 3,8 km.
Höhenunterschied: 90 m.

Anforderungen: Aufgrund der Kürze der Tour ist trotz eines 800 m langen, steilen Anstiegs keine besondere Kondition erforderlich. Die Tour führt auf Wanderwegen und Pfaden überwiegend durch den Wald. Festes Schuhwerk ist ratsam – einige Passagen können feucht sein.
Rast: Unterwegs kaum Bänke oder Rastmöglichkeiten. Einkehrmöglichkeit zu Beginn und am Ende der Tour.
Einkehr: Berggasthof Taubenberg, Taubenberg 1, 83627 Warngau, Tel. +49 8020 1705, geöffnet von März bis Ende Oktober, im August Betriebsferien, im Winter siehe www.taubenberg.de. Gotzinger Trommel, Traditionswirtshaus aus dem 17. Jh., überdachter Freisitz, Wintergarten, Theateraufführungen, Lesungen und Konzerte (Programm auf der Internetseite des Wirtshauses). Montag und Dienstag Ruhetag, Gotzing, 83629 Weyarn, Tel. +49 8020 1728, www.gotzinger-trommel.de.
Kinder: Tierisches Vergnügen bereitet der Berggasthof Taubenberg mit Ponys, Ziegen und Schweinen, zudem gibt es einen schönen Spielplatz. Die Wallfahrtskapelle ist auch mit dem Kinderwagen erreichbar, allerdings muss man auf demselben Weg hin- und zurückgehen.
Touristeninformation: Kultur- und Fremdenverkehrsamt der Stadt Miesbach, Schlierseer Straße 16, 83714 Miesbach, Tel. +49 8025 7000-0, www.miesbach.de.

Am Berggasthof Taubenberg.

Die Wallfahrtskapelle Nüchternbrunn.

Schon die Anfahrt über Gotzing eröffnet schöne Ausblicke. Die holprige Straße windet sich langsam bergauf. Am **Berggasthof Taubenberg (1)** angekommen parken wir schräg gegenüber dem hübschen Bauernhof. Vor dem Haus gibt es Logenplätze für Genießer: Wir blicken auf liebliche Hügellandschaft und saftig grüne Wiesen und im Hintergrund erhebt sich ein herrliches Bergpanorama.

Die Wanderung beginnt mit einem steilen Anstieg, auf dem wir von der wunderbaren Aussicht begleitet werden. Auf einem breiten Fahrweg wandern wir vorbei an Weiden und Wiesen und erreichen nach knapp 800 m bereits den ersten **Aussichtspunkt** mit Bänken und Baumstämmen, die einladen innezuhalten und den Ausblick zu genießen. Danach halten wir uns geradeaus und gehen an der kleinen Kapelle vorbei in den Wald hinein. Nach weiteren 250 m sind wir am alten **Wasserturm (2)** angelangt. Der steinerne Turm wurde im Jahr 1910 von der Stadt München im Zuge des Ausbaus der Wasserversorgung Münchens erbaut. Lange Zeit war er die Attraktion des Taubenbergs, denn man hatte von der Aussichtsplattform einen grandiosen Blick in die Berge und bis hinein nach Mün-

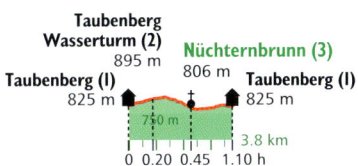

Alpenvorland

> **WUSSTEN SIE SCHON?**
>
> Die Gotzinger Trommel: In der Sendlinger »Mordweihnacht« 1705, während des Bayerischen Volksaufstandes gegen die kaiserlichen Besatzer und Unterdrücker, marschierten die Oberlandler nach München, um sich gegen die kaiserliche Besatzung zu wehren. Der Überlieferung nach führte die »Gotzinger Trommel« auf dem Marsch nach München den Zug der Freiheitskämpfer an. Obwohl in dieser Schlacht mehr als elfhundert Oberlandler starben, blieb die Trommel mit der Aufschrift »Lieber bairisch sterben als kaiserlich verderben« wie durch ein Wunder unversehrt und wurde wieder nach Gotzing zurückgebracht. Angeblich hatte König Ludwig großes Interesse an der Trommel, doch die Gotzinger gaben sie nicht her. Heute ist sie ist als Leihgabe im Miesbacher Heimatmuseum anzuschauen. Ein Bild am Gotzinger Gasthaus erinnert noch heute an den Gotzinger Trommler.

durch den Wald und dann wieder rechts, ebenfalls steil bergab, bis wir nach rund 45 Min. Gehzeit die Wallfahrtskapelle von **Nüchternbrunn (3)** erreichen. Sie ist idyllisch auf einer Lichtung am Fuße des Taubenbergs gelegen. Sie entstand 1710 aus einer hölzernen Klause und wurde 1946 nach einem Brand neu erbaut. In der Klause neben dem Kirchlein lebten bis in die 1960er-Jahre noch Einsiedler. Am Brunnen vor der Kapelle kann man sich erfrischen, an den Bänken und Tischen rund um die Lichtung Brotzeit machen oder die Kapelle besichtigen.

An der Westseite der Kapelle taucht man wieder in den Wald ein. Der Weg folgt dem Lauf eines kleinen Bächleins und führt über einige hölzerne Treppenstufen zuerst bergab. Im weiteren Verlauf queren wir mehrere Bäche und gelangen fast ohne Steigung in rund 25 Min. zurück zum **Berggasthof Taubenberg (1)**. Für die Einkehr nach der Wanderung bietet sich für Liebhaber ökologischer Kost der Berggasthof Taubenberg an. Ein besonderes Erlebnis ist auch die Einkehr in der »Gotzinger Trommel« (in Gotzing), einem Gasthaus aus dem 17. Jahrhundert, das eine lange und spannende Geschichte zu erzählen hat.

chen. Seit Kurzem ist er für Wanderer nicht mehr zugänglich.

Wir folgen für circa weitere 700 m dem Waldweg vor dem Aussichtsturm. Dann stoßen wir auf eine Kreuzung, an der wir rechts nach Nüchternbrunn abbiegen. Auf einem Schotterweg geht es bergab

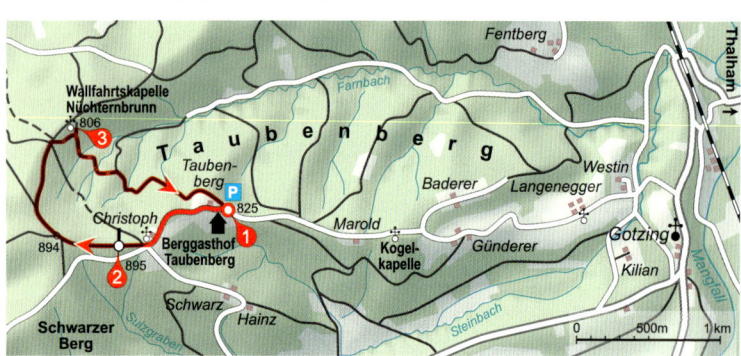

Bayerische Voralpen

Über dem Tegernsee

Höhenweg nach Rottach-Egern ★

Dieser bewaldete Höhenweg führt uns oberhalb von Tegernsee nach Rottach-Egern. Er bietet schöne Aussichtspunkte mit Blick auf den grünblau schimmernden See, das Tegernseer Tal sowie den Hirschberg und seine Nachbarn. Der Rückweg lässt sich mit einer Schifffahrt kombinieren, die uns die Tegernseer Bergwelt aus einem ganz anderen Blickwinkel zeigt.
Zum Abschluss bietet sich die Einkehr im Herzoglichen Bräustüberl am Schlossplatz an, wo seit mehr als 300 Jahren das Bier des Herzoglichen Bayerischen Brauhauses Tegernsee ausgeschenkt wird.

KURZINFO

Ausgangspunkt: Tegernsee, 760 m, nahe des Schlossplatzes. Bahnreisende starten am Bahnhof (siehe »Varianten«).
Anfahrt: Mit dem Auto A 8 München-Salzburg bis Ausfahrt Holzkirchen. Weiter nach Tegernsee. In der Ortsmitte Beschilderung zum »Zentralparkplatz P4« (gebührenpflichtig) folgen. (Navi: Seestraße 5 / 83684 Tegernsee). Alternativ mit der Bahn von München Hbf. aus bis Tegernsee Bhf. (ca. 1 Std. Fahrzeit).
Gehzeit: 2.00 Std.
Distanz: 6,9 km.
Höhenunterschied: 170 m.
Anforderungen: In leichtem Auf und Ab auf Kies und geteerten Wegen. Ein steiler, ca. 500 m langer Anstieg und ebenso langer, steiler Abstieg.
Rast: Unterwegs viele Aussichtsbänke. Einkehrmöglichkeit auf halber Strecke nach Rottach, in Rottach selbst sowie in Tegernsee.
Einkehr: Leeberghof, ganzjährig geöffnet, Montag Ruhetag, Ellingerstr. 10, 83684 Tegernsee, Tel. +49 8022 188090, www.leeberghof.de. **Tegernseer Bräustüberl**, ganzjährig geöffnet, Schloßplatz 1, 83684 Tegernsee, Tel. +49 8022 4141, www.braustuberl.de.
Kinder: Verbunden mit der Schifffahrt und einem Besuch im Seebad Rottach-Egern, das sich direkt neben der Anlegestelle befindet, und Wasserrutschen, Kinderbecken und Spielgeräte bietet, wird

Rast mit Seeblick.

diese Tour zu einem interessanten Ausflug. Mit dem Kinderwagen möglich, in Teilstücken aber steil.
Varianten: 1) Startpunkt Bahnhof: Von dort auf der Bahnhofstraße in südlicher Richtung bis zur Lärchenwaldstraße. Dort links dem Wegweiser »Tegernseer Höhenweg (510) / über Stieler Denkmal« folgen. 2) Rückfahrt ab Rottach Egern Schwaighofstraße mit dem Bus oder ab Rottach-Egern Strandbad mit dem Schiff. Die Gehzeit verkürzt sich so auf 1.45 Std.
Schifffahrt: Rottach-Egern Strandbad – Tegernsee Bräustüberl, Linie C und D; Betriebszeiten von Mai bis Oktober, in der Regel stündlich, Fahrplan unter www.seenschifffahrt.de oder Tel. +49 8022 93311.
Touristeninformation: Kurverwaltung Tegernsee, Hauptstraße 2, 83684 Tegernsee, Tel. +49 8022 927380, www.tegernsee.com.

Am Großen Paraplui.

Wir parken in der Nähe des Schlossplatzes und gehen vom Schloss Tegernsee (1) in südlicher Richtung entlang des Seeufers. Vor dem Yachtclub Tegernsee überqueren wir die Bundesstraße und folgen dem Wegweiser »Großer Paraplui« in den Wald hinein. Etwa hundert Meter später biegen wir nach rechts in Richtung »Tegernseer Höhenweg (510) / über Stieler Denkmal«. Wir folgen diesem Wegweiser, bis wir an der nächsten Lichtung auf das Denkmal zu Ehren von Karl Stieler (Heimatdichter, 1842-1885) treffen. Vor dem Denkmal halten wir uns links in Richtung »Tegernseer Höhenweg» und danach gleich wieder nach rechts – in Richtung Großes Paraplui. Es wird noch einmal steil. Und wenige Serpentinen später haben wir das Große Paraplui (2) erreicht. Der Aussichtspunkt mit Pavillon bietet einen großartigen Ausblick auf den See und die Tegernseer Bergwelt.

Um den Weg fortzusetzen umrunden wir den Pavillon und folgen dem Wegweiser »Tegernseer Höhenweg / über Rottach-Eggern«. Nach der Kuppe gehen wir auf der Ellingerstraße bis zum Asamweg. Dort biegen wir nach links in Richtung »Tegernseer Höhenweg (510) / nach Schwaighof und Rottach-Eggern« ab. Wir kommen am Leeberghof vorbei, wo man mit schönem See- und Bergblick einkehren kann. Nach dem Leeberghof (3) geht es in den angrenzenden Lärchenwald. Wir folgen dem Forstweg T2 Richtung Schwaighof, der sich nun in leich-

Bayerische Voralpen

tem Bergauf und Bergab durch den Wald schlängelt und uns vereinzelt Blicke in die Ferne erhaschen lässt. Wir überqueren eine Lichtung mit einem kleinen Holzstadel und erreichen schließlich eine Kreuzung mit einer Brücke. Hier verlassen wir den Forstweg und biegen vor der Brücke nach rechts in Richtung Tegernsee, Schwaighof und Rottach. Zuerst geht es steil bergab, nach 500 m mäßigt sich das Gefälle und wir erreichen die ersten Häuser von Rottach. Von hier aus sehen wir das auf der anderen Uferseite am Hang gelegene Schloss Ringberg an der Flanke des Hirschbergs.

Anschließend überqueren wir den Parkplatz am Süßbach (4) und folgen dem Wegweiser »T2« nach rechts – über die Brücke des Süßbachs. An der nächsten Weggabelung halten wir uns links und folgen der Riedersteinstraße bergab, bis wir auf die stark frequentierte Schwaighofstraße treffen, die den Autoverkehr um den See führt. Von hier aus gibt es drei Möglichkeiten, zurück nach Tegernsee zu gelangen.

Rückfahrt mit dem Schiff: Dazu biegen wir nach links auf die Schwaighofstraße und folgen dieser bis zur Seestraße, die uns zur Anlegestelle »Strandbad« beim Seebad Rottach-Egern bringt. Ab hier verkehren die Schiffe der Linie C und D zurück zum Bräustüberl und zum Schloss Tegernsee (1).

Rückfahrt mit dem Bus: Alternativ kann man in den Bus einsteigen, der direkt an der Kreuzung Riedersteinstraße/Schwaighofstraße hält, und so nach Tegernsee zurückkehren. Die Fahrzeit bis Tegernsee Bahnhof beträgt rund 5 Min.

Rückweg zu Fuß: Man überquert die Schwaighofstraße und geht am Schlagbaum vorbei über den Park-

WUSSTEN SIE SCHON?

Der gut 1000 m hohe Ringberg bildet die Flanke des Hirschbergs, 1709 m. Sein Name leitet sich vom Ringsee ab, einer ringförmigen Ausbuchtung des Tegernsees. Als Herzog Luitpold (Neffe von König Ludwig II. und von Sisi, Kaiserin Elisabeth von Österreich) im Jahr 1911 auf der Jagd am Ringberg Rast machte, kam ihm die Idee, hier ein kleines Jagdschlösschen zu errichten. Im Verlauf der Planungen wurde der Herzog von einer fast manischen Bauwut erfasst und das Schloss bekam mit einem Bergfried, Türmen und zinnenbewehrten Mauern immer burgähnlicheren Charakter. Später errichtete er zusätzlich eine Reithalle, eine Kapelle, einen Wasserturm, einen Kinosaal, eine Kegelbahn, einen Eiskeller, Terrassen und vieles mehr. Der unverheiratete Herzog vermachte sein Schloss zusammen mit einem beträchtlichen Barvermögen der Max-Planck-Gesellschaft. Diese baute zwischen 1980 und 1983 mit finanzieller Unterstützung der Münchner Rückversicherungsgesellschaft und der bayerischen Landesstiftung Schloss Ringberg zu einer wissenschaftlichen Tagungs- und Begegnungsstätte aus.

platz des Seniorenzentrums zum See. Dort hält man sich rechts und folgt dem Fußweg am See in Richtung Tegernsee. Der Nachteil dieser Variante ist jedoch, dass man fast 1 km an der lauten und stark befahrenen Autostraße entlanggehen muss. Der Rest des Weges bis zum Bräustüberl erfolgt am See und abseits der Straße.

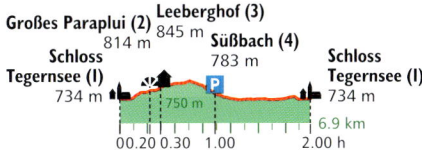

Bayerische Voralpen

16 ▶ Über den Bucher Berg

Hochplateau zu Füßen von Ochsenkamp und Fockenstein

Diese Wanderung nahe des Tegernsees führt uns vom Ortsrand Bad Wiessee zunächst entlang des plätschernden Söllbach und später durch Wälder und Wiesen bis zu einem sonnigen Hochplateau. Hier liegt der Bauer in der Au (nur für geschlossene Gesellschaften geöffnet) inmitten von weitläufigen Wiesen am Fuße von Ochsenkamp und Fockenstein. Ein Großteil des Weges führt durch den Wald, aber in Teilstücken genießen wir malerische Ausblicke auf das Tegernseer Tal und die vielen Segelboote, die auf dem See ihre Runden ziehen. Die Wanderung lässt sich gut mit einem Badeausflug zum Tegernsee verbinden, denn die Badeplätze von Bad Wiessee sind nur einige Autominuten vom Ausgangspunkt der Tour entfernt.

KURZINFO

Talort: Bad Wiessee, 735 m.
Ausgangspunkt: Wanderparkplatz P16 Söllbachtal (gebührenpflichtig) in Bad Wiessee, 797 m.
Anfahrt: Mit dem Auto auf der A 8 bis Ausfahrt Holzkirchen. Auf der B 318 weiter nach Bad Wiessee. Am Ortsende nach der Kirche Maria Himmelfahrt rechts in die Söllbachtalstraße einbiegen. Dem Wegweiser »Wanderparkplatz P16 Söllbachtal« folgen (Navi: Söllbachtalstraße / Bad Wiessee). Mit der Bayerischen Oberlandbahn (BOB) von München Hbf. nach Gmund, von dort mit dem Oberbayernbus zur Haltestelle »Bad Wiessee Söllbach«. Weiter zu Fuß in 15 Min. zum Ausgangspunkt der Tour.
Gehzeit: 2.00 Std.
Distanz: 7,0 km.
Höhenunterschied: 135 m.
Anforderungen: Auf dem Hinweg geht es kontinuierlich bergauf mit einer steilen Passage zwischen Söllbachklause und Bucherhang. Ansonsten sanfte Anstiege, geteerte Straßen sowie breite Forst- und Schotterwege durch Wiesen und Wälder.
Rast: Unterwegs viele Bänke.
Einkehr: Keine Einkehrmöglichkeit während der Tour. Zahlreiche Gasthöfe in Bad Wiessee (5 Autominuten vom Ausgangspunkt der Tour).
Kinder: Hauptsächlich breite Forst- und Fahrwege, die nicht so spannend für Kinder sind. Dafür gut für den Kinderwagen geeignet, wenn man die Anstrengung des Anstiegs gut in Kauf nehmen möchte.
Winter: Der Forstweg durch das Söllbachtal (siehe Variante) ist im Winter geräumt.
Variante: Rückweg über das Söllbachtal. Diese Variante ist 1 km kürzer als der Rückweg auf der Aufstiegsroute und verläuft ausschließlich im Wald.
Touristeninformation: Tourist Information Bad Wiessee, Lindenplatz 6, 83707 Bad Wiessee, Tel. +49 8022 86030, www.tegernsee.com/bad-wiessee.

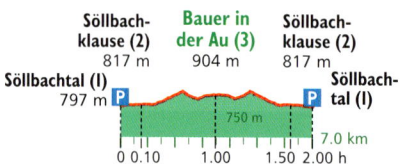

Wir starten am Wanderparkplatz im Söllbachtal (1) und folgen der Beschilderung zum Bauer in der Au, die uns auf einem sanft ansteigenden asphaltierten Sträßchen entlang dem plätschernden Söllbach durch den Wald leitet. Bereits nach

Blick vom Bucherhang auf das Tegernseer Tal.

10 Min. erreichen wir die ehemalige Gaststätte **Söllbachklause (2)**. Direkt nach dem Gasthaus verlassen wir die geteerte Straße und biegen scharf nach links. Wir überqueren die kleine Brücke (Wegweiser 601) und wandern ca. 200 m steil bergauf, bis sich der Wald lichtet. Wir befinden uns nun oberhalb des Weilers **Buch**, wo wir nach rechts auf den geteerten Landwirtschaftsweg abbiegen. Dieser führt uns mit Blick auf den Tegernsee sowie die umliegenden Berge und Kuhweiden über den Bucherhang aufwärts. Am Wegrand gibt es ausreichend Bänke mit Panoramablick, sodass der Anstieg kurzweilig ist. Hinter der Anhöhe lassen wir das Seepanorama hinter uns und wandern auf einem breiten Forstweg in den Wald. Wir folgen stets dem Forstweg, der uns in leich-

Das Hochplateau beim Bauer in der Au.

WUSSTEN SIE SCHON?

Ein Mönch entdeckte im Jahr 1441 einen goldgelben Streifen auf dem Tegernsee. Es stellte sich heraus, dass es Petroleum war. Bei den folgenden Bohrungen nach dem begehrten Öl stieß man schließlich aus Versehen auf eine Jod-Schwefelquelle. Daraufhin wurde die Ölsuche eingestellt und man errichtete stattdessen in Wiessee ein Badehaus. Im Jahr 1912 wurde ein Gutachten über die Eigenschaften der Jod-Schwefelquelle erstellt und es erwies sich, dass sie die stärkste Jod-Schwefelquelle Deutschlands war. Durch die Heilkraft ihrer Quellen entwickelte sich die Gemeinde rasch zu einem begehrten Kurort. Bereits seit Juni 1922 darf der Ort sich »Bad Wiessee« nennen.

tem Auf und Ab durch Wiesen und Wald führt. Nach circa 50 Min. lichtet sich der Wald und vor uns eröffnet sich ein sonniges Hochplateau mit Blick auf Ochsenkamp und Fockenstein, an dessen Ende unser Ziel, der **Bauer in der Au (3)** liegt. Das ehemalige Ausflugslokal ist heute eine Event Location und kein Gasthaus mehr, weswegen man hier nicht mehr einkehren kann.

Wer nicht auf derselben Strecke zurückgehen möchte, wählt die Variante und biegt am Bauer in der Au nach rechts in Richtung Bad Wiessee (Weg 601) ab. Eine zunächst gepflasterte und dann geteerte Straße führt durch dichten Wald hinab zum Söllbach und weiter zum **Parkplatz (1)**.

Bayerische Voralpen

Hintere Längentalalm, 1026 m

Am Fuße von Kirchstein und Probstenwand ★

Besonderen Charme hat diese Wanderung in das Hintere Längental im Herbst, wenn der Laubwald, der auf vielen Abschnitten der Route dominiert, seine prächtigen Farben zur Schau stellt. Das Highlight der Tour ist jedoch das sonnige Tal, das sich hinter der Kirchsteinhütte öffnet. Dort liegt auch unser Ziel, die Hintere Längentalalm, eingebettet in idyllische Berg- und Almlandschaft, mit schönem Blick auf die Kirchsteine, die Achselköpfe und die Probstenwand.

KURZINFO

Talort: Lenggries, 679 m.
Ausgangspunkt: Wanderparkplatz vor der Arzbachbrücke in Untermberg, 744 m.
Anfahrt: Mit dem Auto über die A 8 München – Salzburg bis zur Ausfahrt Holzkirchen, von dort auf der B 13 nach Bad Tölz und weiter nach Arzbach. In Arzbach bei der Kirche rechts in die Längentalstraße. Nach 2,5 km, kurz vor der Arzbachbrücke ist linker Hand ein kleiner Wanderparkplatz. Wenn man den Rundweg geht, ist dieser Parkplatz (Navi: Untermberg / 83646 Wackersberg) empfehlenswert. Wer plant, auf demselben Weg hin- und zurückzuwandern, kann der Straße weitere 1,5 km bis zu ihrem Ende folgen und gelangt zu einem zweiten Parkplatz. So kann die Wanderung auf 2.20 Std. Gehzeit verkürzt werden.
Mit der Bayerischen Oberlandbahn (BOB) von München Hbf. im Stundentakt nach Lenggries. Von dort mit dem Oberbayernbus Linie 9564 Richtung Bad Tölz zur Haltestelle »Arzbach Kirche«, weiter zu Fuß (ca. 30 Min.) bis zum Parkplatz vor der Arzbachbrücke.
Gehzeit: 3.00 Std.
Distanz: 10,6 km.
Höhenunterschied: 350 m.
Anforderungen: Die Tour verläuft auf bequemen Forst- und Almstraßen mit konstanter Steigung bis zur Kirchsteinhütte. Auf dem Rückweg über den Voderleitenberg (siehe Variante) ein kurzes Teilstück auf schmalem Pfad.
Rast: Unterwegs vereinzelt Bänke zum Rasten. Erste Einkehrmöglichkeit in der Kirchsteinhütte.
Einkehr: Kirchsteinhütte, 1050 m, ganzjährig geöffnet, Dienstag und Mittwoch Ruhetag, Tel. +49 172 8527795 (Hütte), +49 8042 3313 (Tal), www.kirchsteinhütte.de. Hintere Längentalalm, 1004 m, nur zur Almzeit (Mai bis September) geöffnet, Tel. +49 8042 8875.
Kinder: Am Arzbach kann man mit Wasser und Schwemmgut spielen, im Wald lassen sich Wanderstöcke in allen Größen finden und auf den Almwiesen gibt es Kühe und Pferde zu beobachten. Der Aufstieg zur Längentalalm ist von der Wegbeschaffenheit her mit dem Kinderwagen gut möglich. Nach dem zweiten Parkplatz folgt jedoch ein 800 m langes, steiles Teilstück, das mit dem Kinderwagen eine gute Kondition erfordert. Der Abstieg erfolgt dann auf derselben Strecke.
Variante: Rundwanderung mit Rückweg über den Vorderleitenberg (Gehzeit insgesamt 3.00 Std.); Details siehe Tourenbeschreibung.
Touristeninformation: Gästeinformation, Rathausplatz 2, 83661 Lenggries, Tel. +49 8042 5008800, www.lenggries.de.

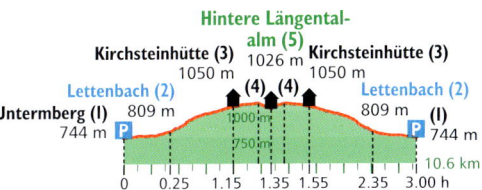

Die Hintere Längentalalm.

Vom **Parkplatz Untermberg (1)** gehen wir auf der asphaltierten Zufahrtstraße weiter geradeaus und überqueren wenige Meter später die Arzbachbrücke. Wir folgen dem Wegweiser zur Kirchsteinhütte und wandern mit leichter Steigung am plätschernden Arzbach entlang. Das Geröll und die großen Steine im Bachbett lassen erahnen, dass dieser durchaus zu einem reißenden Gebirgsbach werden kann.

Nach 1,5 Kilometern erreichen wir das Ende der asphaltierten Straße und den zweiten, etwas größeren **Parkplatz**. Hinter dem Parkplatz verlassen wir die geteerte Straße nach rechts und überqueren nochmals den Arzbach. Der Schotterweg steigt auf den nächsten 800 m steil an und lässt uns rasch an Höhe gewinnen, während etwas unterhalb, zu unserer Rechten, der **Lettenbach (2)** plätschert.

Nach dem Anstieg gelangen wir an eine Weggabelung. Dort biegen wir nach links und folgen der Beschilderung zum Längental und zur Kirchsteinhütte. Bald überqueren wir eine kleine Lichtung und nach einem weiteren Waldstück kommen wir an der unbewirtschafteten **Gabrielalm** vorbei. Knapp 400 m später haben wir die **Kirchsteinhütte (3)**, am Fuß der Probstenwand und des Längenbergs, und somit die erste Einkehrmöglichkeit erreicht.

Nach der Kirchsteinhütte geht es leicht bergab und vor uns öffnet sich das bildschöne **Hintere Längental**. Hier begrüßt uns die pure Idylle. Wir blicken auf eine Reihe von kleinen Almen und den Talschluss mit den Felsköpfen des Vorderen und Hinteren Kirchsteins und der Probstenwand. Wir erreichen zuerst die **Hauserbauernalm**, überqueren dann den Arzbach und kommen an-

Bayerische Voralpen

schließend an der Längentalalm (4), die in manchen Karten auch als Pfundalm bezeichnet wird, sowie einer kleinen Kapelle vorbei. Rund 30 Min. nach der Kirchsteinhütte sind wir an unserem Ziel, der urigen, blumengeschmückten **Hinteren Längentalalm (5)** angelangt, die zu Füßen der Probstenwand liegt und einfache Brotzeiten sowie frische Milch anbietet.

Auf dem Rückweg können wir entweder auf derselben Strecke zurückgehen oder eine Rundwanderung machen. Diese ist zu Beginn abwechslungsreich und lohnenswert, doch sie bietet wenig Aussicht und führt auf den letzten vier Kilometern ausschließlich durch dichten Nadelwald.

Wer sich für die Rundtour entscheidet, wandert von der Hinteren Längentalalm bis zur Längentalalm (4) (Pfundalm) zurück. Dort zweigt vor der Brücke ein Fußweg in Richtung »Jägersteig / Lengries Bergbahn« ab. Wir folgen diesem nach rechts und gehen zunächst am Bach entlang und dann in den Wald hinein. Der Weg wird schmal und führt einige Meter steil den Berg hinab und gleich wieder hinauf. Danach ist das Gröbste überstanden und der Pfad schlängelt sich mit moderater Steigung an einem wild bewachsenen Hang entlang. In einer Spitzkehre treffen wir auf den Wegweiser »Neuer Weg Lenggries Bergbahn«. Wir folgen diesem bergauf und steigen dann über Treppenstufen auf, bis wir auf eine Forststraße stoßen. Wir wenden uns nach links und erreichen kurz darauf den nächsten Wegweiser, an dem wir uns weiterhin in Richtung »Lenggries Bergbahn« halten. Es geht nochmals 200 m bergauf und dann wieder 200 m bergab, bevor wir den breiten Forstweg nach links verlassen und der Beschilderung »Arzbach Wanderweg 466« folgen. Der steinige Weg führt uns talwärts über den Vorderleitenberg durch den Wald. Kurz darauf treffen wir auf den Wanderweg 468 / 469, dem wir in Richtung Arzbach folgen. Nach einem kurzen Anstieg treffen wir wieder auf eine befestigte Forststraße.

Nun geht es nur noch talwärts. Nach zwei Kilometern macht die Straße eine scharfe Linkskurve. Danach folgen wir dem Wegweiser zum Längentalparkplatz und gehen relativ eben am Arzbach entlang, bis wir wenige Minuten später wieder auf die Brücke am Arzbach stoßen. Wir überqueren diese und haben unseren Ausgangspunkt, den Parkplatz Untermberg (1), erreicht.

Bayerische Voralpen

18 ▶ Stie-Alm, 1520 m

Panoramawanderung auf dem Brauneck

Auf dem Brauneck, einem der schönsten Aussichtsberge in den Bayerischen Alpen, blickt man bei gutem Wetter vom Großglockner bis hin zur Zugspitze. Nachdem wir mit der Bergbahn den größten Höhenunterschied bereits überwunden haben, schlendern wir begleitet von herrlichstem Bergpanorama auf einer Höhe von rund 1500 m von Alm zu Alm. Zum Abschluss machen wir einen lohnenswerten Abstecher zum Brauneck-Gipfel. Mit insgesamt sechs gemütlichen Einkehrmöglichkeiten auf dem Berg und einer im Tal ist auf dieser Tour am Lenggrieser Hausberg auch für das leibliche Wohl ausreichend gesorgt.

KURZINFO

Talort: Lenggries, 679 m.
Ausgangspunkt: Talstation der Brauneck-Bergbahn in Lenggries, 720 m.
Anfahrt: Mit dem Auto über die A 8 bis Ausfahrt Holzkirchen, weiter Richtung Bad Tölz und von dort auf der B 13 bis Lenggries. Hier der Beschilderung »Brauneck« bis zum Parkplatz an der Bergbahn folgen (Navi: Gilgenhöfe 28 / 83661 Lenggries).
Mit dem Zug von München Hbf. im Stundentakt nach Lenggries Bhf. Von dort mit Bus 9564a zur Talstation der Brauneck-Bergbahn (www.lenggries.de/busfahrplaene-1).
Brauneck-Bahn: Betriebszeiten 8.15–17 Uhr (Sommer) bzw. 16.30 Uhr (Winter), Revisionszeit nach Ostern und im November, Auskunft: Tel. +49 8042 503940, www.brauneck-bergbahn.de.
Gehzeit: 1.45 Std.
Distanz: 4,5 km.
Höhenunterschied: 215 m.
Anforderungen: Kurze Wanderung, die fast eben beginnt, im Verlauf aber mehrere sehr steile Zwischenanstiege aufweist. Breite, aussichtsreiche Wander-

Gipfelmeer auf dem Brauneck-Höhenweg.

Bayerische Voralpen

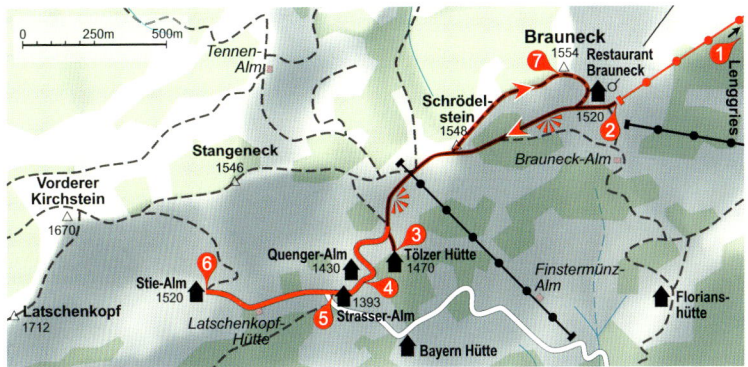

wege in alpinem Gelände.
Rast: Zahlreiche Einkehrmöglichkeiten auf dem Hin- und Rückweg.
Einkehr: Wirtshaus Jaegers, bei der Talstation, Blick auf Bullcarts-Hang, Tel. +49 8042 2239, täglich geöffnet, www.jaegers-grill.de. Panoramarestaurant Brauneck, 1520 m, Restaurant mit Sonnenterrasse an der Bergstation, Tel. +49 8042 501250, kein Ruhetag, www.panoramarestaurant-brauneck.de. Tölzer Hütte, 1470 m, Gasthaus mit Sonnenterrasse, ganzjährig geöffnet, Montag Ruhetag, Tel. +49 8042 8732, www.toelzerhuette.de. Quenger-Alm, 1430 m, Dienstag Ruhetag, Tel. +49 8042 5079205, www.quengeralm.de. Strasser-Alm, Mitte August bis Anfang November bei schönem Wetter, Tel. +49 8042 3123. Stie-Alm (Idealhanghütte), 1520 m, mit Almkäserei, Montag und Dienstag Ruhetag, ganzjährig geöffnet, Tel. +49 8042 2336,

www.stie-alm.de. Brauneck Gipfelhaus, 1540 m, ganzjährig geöffnet, Dienstag und Mitttwoch Ruhetag, Tel. +49 8042 8786, www.brauneckgipfelhaus.de.
Für alle Gaststätten gilt: Betriebsruhe während der Revisionszeiten der Bergbahn.
Kinder: Bereits die Fahrt mit der Bergbahn ist ein Erlebnis. Oben auf dem Brauneck kann man die Gleitschirmflieger beobachten. Auf kleinen Pfaden abseits des Weges geht es zur Stie-Alm, wo es eine Schaukel, einen Kletterfelsen, eine Almkäserei sowie diverse Tiere gibt. Tour ist mit dem Kinderwagen möglich. Achtung: zwei für den Kinderwagen sehr steile Abschnitte. An der Talstation beim Wirtshaus Jaegers sind ein Spielplatz, ein Hochseilgarten und eine Bullcart-Strecke.
Winter: Der Weg ist im Winter geräumt. Aber Achtung: Skibetrieb!
Touristeninformation: Siehe Tour 17.

Mit der Vierer-Kabinenbahn fahren wir von Lenggries (1) zur Bergstation Brauneck (2), die auf 1520 m Höhe liegt. Dort empfängt uns ein Gipfelpanorama, das von Wendelstein, Großglockner, Großvenediger, Olperer und Karwendel bis hin zum Wettersteingebirge mit der Zugspit-

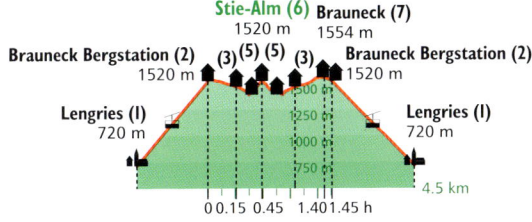

Startplatz der Paraglider auf dem Brauneck-Gipfel.

ze reicht. Ein breiter, fast ebener Panoramaweg führt uns in knapp 15 Min. zur **Tölzer Hütte (3)**, die wie alle Almen am Brauneck eine hübsche Aussichtsterrasse hat.

Ab der Tölzer Hütte folgen wir der Beschilderung »Almwanderung«. Es geht nun steil bergab an der **Quenger-Alm (4)** vorbei, wo wir ebenfalls mit grandiosem Alpenblick einkehren können. Wenige Meter weiter befindet sich die **Strasser-Alm (5)**, die auch eine nette Einkehrmöglichkeit ist. Nach der Strasser-Alm halten wir uns rechts in Richtung »Idealhanghütte/Stie-Alm« und wandern nun steil aufwärts bis zur Latschenkopfhütte (privat). Danach geht es in mäßiger Steigung weiter bergauf, bis wir wenige Minuten später die unterhalb von Latschenkopf und Stangeneck gelegene **Stie-Alm (6)** erreichen. Auch hier reiht sich ein Gipfel an den nächsten und wir genießen herrliche Ausblicke ins Gebirge.

Der Rückweg erfolgt bis zur Tölzer Hütte auf derselben Strecke. Rund 100 m hinter der **Tölzer Hütte (3)** biegen wir nach links auf den kleinen Brauneck-Höhenweg. Dieser führt uns zuerst über den Kapellenhang und dann auf einem Steig unterhalb des Schrödelsteins hindurch. Von dort geht es weiter am Startplatz der Gleitschirm- und Drachenflieger vorbei zum Brauneckhaus und dem **Brauneck-Gipfelkreuz (7)**, 1554 m. Hier oben bietet sich in Richtung Süden ein noch gewaltigerer Blick auf die Alpen. In Richtung Norden schweift unser Blick über die Täler, Flüsse und Seen Oberbayerns, an klaren Tagen kann man bis München blicken. Vom Brauneck-Haus sind wir in wenigen Minuten zurück an der **Bergstation (2)** und dem Panoramarestaurant Brauneck, von wo es mit der Gondel wieder hinunter geht nach **Lenggries (1)**.

WUSSTEN SIE SCHON?

Jedes Jahr im August veranstalten die Hüttenwirte am Brauneck das sogenannte »Fest am Berg«. Auf den Hütten wird alpenländische Musik – vom Schuhplattler über Jodler bis hin zur Tanzlmusi dargeboten. Außerdem gibt es Bergrettungsvorführungen, Klettern für Jedermann, Fingerhaklermeisterschaften, Schubkarren-Rennen, Wettmelken, Eselreiten und vieles mehr.

Infos und Termine: www.brauneck.de.

Bayerische Voralpen

Am Walchensee

Uferwanderung nach Einsiedl ★

Mit rund 16,4 km² Fläche ist der Walchensee der größte deutsche Gebirgssee. Eingebettet zwischen Herzogstand, Heimgarten und Jochberg leuchtet er in tiefem Türkis. Seine besondere Ausstrahlung hat ihn schon früher zu einem beliebten Reiseziel berühmter Persönlichkeiten, wie beispielsweise dem Dichter Goethe, dem Künstler Lovis Corinth und König Ludwig II. gemacht. Wir können diese Tour entweder als eineinhalbstündigen Spaziergang ganz geruhsam angehen oder sie zu einer fünfstündigen Wanderung bis nach Urfeld ausdehnen.

KURZINFO

Ausgangspunkt: Wanderparkplatz am südlichen Ende des Walchensees, 802 m.

Anfahrt: Mit dem Auto von München auf der A 95 bis Ausfahrt Murnau / Kochel, weiter Richtung Schlehdorf. Ab Kochel am See die B 11 über Urfeld bis Walchensee. Am südlichen Ende des Sees nach links dem Wegweiser »Campingplatz / Kiosk« folgen. Nach 100 m kommt ein kleiner Parkplatz. Oberhalb dieser Parkbucht gibt es weitere Parkmöglichkeiten (Navi: Lobisau / 82432 Walchensee) Mit der Bahn im 2-Stunden-Takt von München Hbf. nach Kochel am See Bhf. Von dort weiter mit dem Oberbayernbus 9608 in Richtung Garmisch-Partenkirchen bis zur Haltestelle Lobisau (Ortsausgang von Walchensee). Die Fahrzeit beträgt insgesamt ca. 1.30 Std.

Gehzeit: 1.30 Std.
Distanz: 5,9 km.
Höhenunterschied: 75 m.
Anforderungen: Leichter Spaziergang auf vorwiegend flachen Schotter- und Asphaltwegen, eine 500 m lange steilere Steigung, die sich umgehen lässt, wenn man nicht über den Katzenkopf geht, sondern von Einsiedl auf dem Hinweg zurückwandert (30 Min. zusätzliche Gehzeit).

Rast: Viele Bänke am Wegrand, Einkehrmöglichkeit auf halber Strecke.

Einkehr: Keine Einkehrmöglichkeit auf der Tour. Nur in Walchensee oder Urfeld (wenige Autominuten vom Ausgangspunkt der Tour entfernt), z. B.: **Seestüberl**, Donnerstag und Freitag Ruhetag, Seestraße 62, 82432 Walchensee, Tel. +49 8858 929947, www.seestueberl.de; **Café am Seehof**, Montag und Dienstag Ruhetag, Seestraße 44, 82432 Walchensee, Tel. +49 8858 222, www.seehof-walchensee.de.
Auf der großen Walchenseerunde (Variante) Einkehrmöglichkeit in der **Waldschänke**, geöffnet Mai bis November 10–18 Uhr, Donnerstag und Freitag Ruhetag, Niedernach 55, 83676 Jachenau, Tel. +49 8043 1021.

Kinder: Unterwegs können Kinder am Wasser spielen. Die kurze Tour ist durchgängig kinderwagentauglich. Eine schöne Einkehr mit Seezugang und Wiese ist das Strandcafé Bucherer (fünf Autominuten vom Parkplatz, gegenüber der Herzogstandbahn).

Bademöglichkeit: Zahlreiche Badestellen auf beiden Touren.

Winter: Der Weg entlang des Ufers ist von Lobisau bis Einsiedl ist geräumt, der über den Katzenkopf nicht.

Variante: Große Walchenseewanderung von Einsiedl nach Urfeld (20,5 km, ca. 5.00 Std. Gehzeit: Parkplatz – Einsiedl 1.00 Std. – Niedernach 2.15 Std. – Sachenbach 1.00 Std. – Urfeld 45 Min.). Details siehe Tourenbeschreibung.

Touristeninformation: Tourist Info, Ringstraße 1, 82432 Walchensee, Tel. +49 8858 411, www.zwei-seen-land.de.

WUSSTEN SIE SCHON?

Der Walchensee ist nicht nur der größte, sondern gleichzeitig der tiefste Alpensee in Bayern. Ganze 200 m misst seine tiefste Stelle. Früher waren die Bewohner der umliegenden Ortschaften überzeugt, dass auf dem Grund des Sees ein Ungeheuer hauste. Eine Sage erzählt, dass der Schweif des Wallers riesig und seine Augen so groß wie Wagenräder waren. Wenn sich Gottlosigkeit und Untugend unter den Menschen verbreiten sollte, dann würde er mit seinem Schweif den Kesselberg durchschlagen und das ganze Unterland bis nach München überschwemmen. Noch bis ins 18. Jahrhundert war es üblich, geweihtes Gold an der tiefsten Stelle des Sees zu versenken, um den Waller zu besänftigen. Offensichtlich mit Erfolg, denn einen Wasserdurchbruch hat es nie gegeben, bis vor knapp 100 Jahren der Kesselberg von Menschenhand durchgeschlagen wurde. Seitdem wird das Wasser des Walchensees zur Energiegewinnung genutzt und rund 300 Millionen Kilowattstunden werden jährlich erzeugt. Das Wasserkraftwerk, das zu den größten Hochdruckspeicherkraftwerken Deutschlands gehört, kann besichtigt werden. Adresse: E.ON Wasserkraftwerk, Altjoch 21, 82431 Kochel am See, Tel. +49 8851 770, täglich geöffnet 9–17 Uhr (April bis Oktober) und 9–16 Uhr (November bis März).

Vom Parkplatz (1) aus folgen wir dem kleinen asphaltierten Sträßchen in Richtung Lobisau und Campingplatz und genießen einen schönen See- und Bergblick. Rund einen Kilometer nach dem Campingplatz kommen wir an dem barocken »Klösterl St. Anna« (2) vorbei, einem Satteldachbau von Barockbaumeister Josef Hainz (1728), der einst eine Eremitenkapelle und Mönchszellen umschloss und heute ein Jugend- und Bildungszentrum ist.

Nachdem wir das Nordende der Halbinsel Zwergern erreicht haben, führt uns der Wanderweg vom Wasser fort. Wir spazieren durch Wiesen und kommen an einem Gehöft vorbei. Danach folgt ein leichter Anstieg. Hier lohnt es sich, einen Blick zurück auf die Kapelle St. Margareth zu werfen, die an der Spitze der Halbinsel steht.

Kurz vor Einsiedel zweigt rechts ein Schotterweg ab (»W1 über Campingplatz«). Wer baden möchte, ignoriert den Wegweiser vorerst und geht noch 5 Min. auf dem geteerten Sträßchen weiter zum Badeplatz am ehemaligen Gasthof Einsiedl (3). Das flach abfallende Ufer eignet sich gut zum Baden oder für eine Rast.

Zurück wandern wir auf dem bekannten Weg, bis wir den oben erwähnten Schotterweg (»W1«) erreichen. Er führt 10 Min. bergauf zum Katzenkopf (4), 860 m, und dann wieder bergab zur Lifttrasse des Katzenkopf-Schlepplifts. Nach weiteren 10 Min. erreichen wir einen Parkplatz, den wir überqueren. Anschließend zweigen wir nach links, auf die vom Hinweg bekannte Teerstraße ab. Sie bringt uns über Lobisau zurück zum Parkplatz (1).

Große Walchenseewanderung

Von Einsiedl aus kann der Spaziergang zu einer fünfstündigen Wanderung bis nach Urfeld ausgedehnt werden. Dazu gehen wir am ehemaligen Gasthof Einsiedl vorbei und biegen kurz darauf nach links auf die B 11. Wir folgen dieser wenige

Der Ort Walchensee mit dem Jochberg.

Meter und zweigen dann nach links auf die Mautstraße Richtung Niedernach. Wir folgen dieser wenig befahrenen Straße entlang der Südseite des Sees über Atlach nach Niedernach. Dort können wir in der Waldschänke einkehren oder uns im Walchensee erfrischen.

Anschließend wandern wir auf einem Forstweg entlang dem Ufer weiter. Auf Höhe der Insel Sassau zweigen wir nach links auf einen Pfad, der uns direkt am Ufer nach Sachenbach führt. Hier gibt es einen Hofladen mit Kiosk, der von Mai bis Oktober Getränke und kleine Brotzeiten anbietet. Wir bleiben am Ufer des Sees und wandern auf der asphaltierten Anliegerstraße nach Urfeld, wo wir ebenfalls einkehren können. Von dort verkehrt alle zwei Stunden ein Bus Richtung Garmisch-Partenkirchen, der uns zum Parkplatz (Haltestelle Lobisau) zurückbringt.

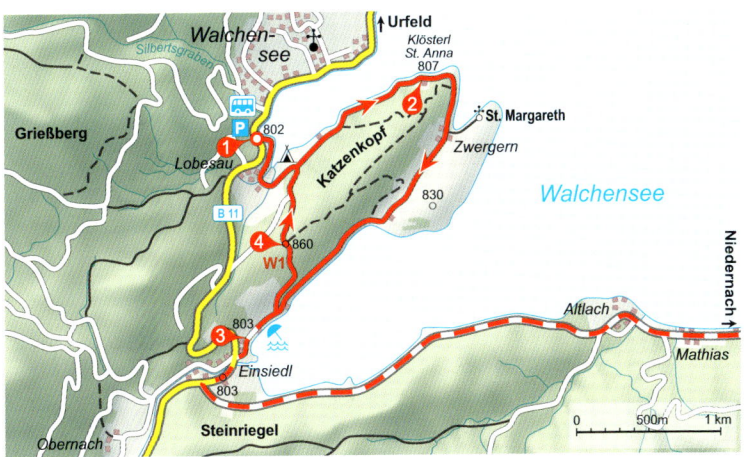

Bayerische Voralpen

20 Rund um den Barmsee

Seewanderung vor imposanter Bergkulisse ★★

Am Alpengasthof Barmsee.

KURZINFO

Umgeben von weitläufigen Wiesen, schattigen Bäumen und einem eindrucksvollen Gebirgspanorama liegt in der Nähe von Krün auf einer Hochebene der Barmsee. Im Westen des kleinen Moorsees ragt das Wettersteingebirge mit dem Zugspitzmassiv hervor, im Norden das Estergebirge mit dem Krottenkopf. Im Osten befindet sich die Soierngruppe und im Süden die fulminanten Felswände des Karwendels. Die Rundtour um den See bietet zudem Bademöglichkeiten an den naturbelassenen Ufern des Barmsees – oder in der Badeanstalt am Grubsee.

Ausgangspunkt: Wanderparkplatz (kostenpflichtig) am Alpengasthof Barmsee in Krün, 894 m.
Anfahrt: Mit dem Auto von München auf der A 95 bis Ausfahrt Kochel, dann auf der B 11 über Kochelsee und Walchensee bis Krün oder über die A 95 bis Garmisch-Partenkirchen, dann auf die B 2 über Partenkirchen, Kaltenbrunn und Klais bis Ausfahrt Barmsee. Der Beschilderung zum Alpengasthof Barmsee folgen (Navi: Am Barmsee 9 / 82494 Krün). Mit der Bahn von München Hbf. nach Klais Bhf. (Fahrzeit ca. 1.40 Std.), weiter mit Bus 9608 Richtung Wallgau Rathaus bis Haltestelle »Krün-Barmsee« (ca. 5 Min.).
Gehzeit: 1.30 Std.
Distanz: 5,2 km.
Höhenunterschied: 70 m.
Anforderungen: Leichter Spaziergang auf vorwiegend flachen Schotterwegen mit einem asphaltierten Teilstück. Ein 100 m langer, etwas steilerer Anstieg.
Rast: Viele Bänke am Wegrand, keine Einkehrmöglichkeit auf der Strecke.

Einkehr: Alpengasthof Barmsee, kein Ruhetag, Betriebsferien von Ende Oktober bis kurz vor Weihnachten sowie 14 Tage nach Ostern, Am Barmsee 9, 82494 Krün, Tel. +49 8825 2034, www.barmsee.de.
Kinder: Die Tour ist kinderwagentauglich. Am Alpengasthof Barmsee gibt es einen Kinderspielplatz mit Trampolin, Piratenschiff, Fußballtoren sowie einem Streichelzoo mit Schafen, Ziegen und Ponys.
Bademöglichkeit: An den naturbelassenen Ufern des Barmsees oder in der Badeanstalt am Grubsee (mit Wasserrutsche, Sprungbrett, Kiosk und Bootsverleih).
Winter: Die Wege sind im Winter geräumt.
Touristeninformation: Tourist-Information Krün, Rathausplatz 1, 82494 Krün, Tel. +49 8825 1094, www.alpenwelt-karwendel.de.

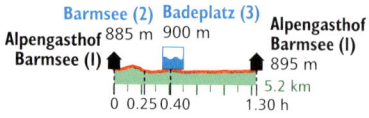

Blick über den Barmsee auf die Soierngruppe, rechts die Nordflanke des Karwendel.

Wir starten am Wanderparkplatz unterhalb des **Alpengasthofs Barmsee (1)**. Neben dem Gasthof befindet sich ein schönes altes Bauernhaus, hinter dem sich malerisch der Krottenkopf erhebt. Wir biegen vor dem Haus nach links in den »**Barmseerundweg-Krün**« ein und folgen dem naturbelassenen Wanderweg etwa 500 m geradeaus bis zur Badeanstalt **Grubsee**. Der See liegt geschützt zwischen zwei Hügeln und erwärmt sich aufgrund seiner Lage schnell auf angenehme 22 bis 26 Grad.

An der Badeanstalt biegen wir rechts ab und erreichen circa 150 m später die nächste Verzweigung. Dort halten wir uns geradeaus und gehen ein kurzes Stück bergauf durch den Wald. Bald schon schlängelt sich der Weg in Serpentinen zum **Barmsee (2)** hinab, wo wir von einem prächtigen Panorama erwartet werden. Wir wandern entlang dem schilfbewachsenen Ufer und blicken dabei auf die Soierngruppe und die Nordflanke des Karwendels. Anschließend durchqueren wir nochmals ein Waldstück, bevor wir wieder auf offenes Gelände stoßen. Spätestens hier sollten wir unsere Kamera auspacken und eine kleine Genusspause einlegen, denn dieser Blick auf den See und das Gebirge ist das Motiv zahlreicher Kalenderblätter.

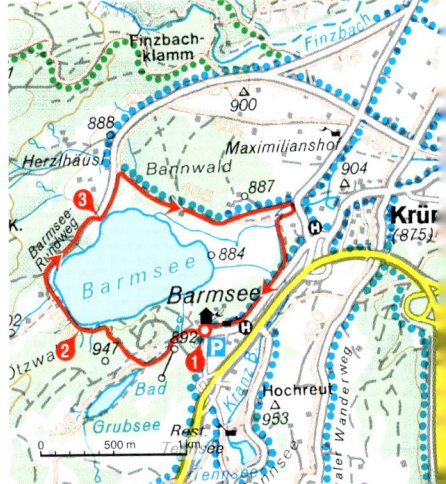

Karwendelblick nördlich des Barmsees.

Der Weg führt uns bis zu einem ausgeschilderten **Badeplatz (3)** an der Nordseite des Barmsees. Dieser Teil des Sees ist ein geschütztes Vogelbrutgebiet und dient als Amphibienleichplatz, weswegen der Wanderweg sich hier vom Ufer entfernt und über eine weite Wiese bis zum Waldrand leitet. Dort folgen wir dem Barmseerundweg nach rechts. Im Schutz der Bäume wandern wir etwa einen Kilometer bis zur nächsten Lichtung. Nachdem wir diese überquert haben, biegen wir nach rechts auf ein asphaltiertes Sträßchen, überqueren einen kleinen Bach und biegen sofort wieder nach rechts auf den »Fußweg Ortsteil Barmsee« in Richtung Alpengasthof Barmsee ab. Nun führt uns ein schmaler Weg an dem schilfgesäumten Bach entlang. Nach circa 600 m stoßen wir auf eine Fahrstraße. Wir zweigen wieder nach rechts in Richtung Alpengasthof Barmsee ab und folgen ein kurzes Stück der Straße, bis wir in die Ortschaft **Krün** (Ortsteil Barmsee) gelangen. Am Ortsschild von Krün gehen wir nach rechts und erreichen 400 m später den **Alpengasthof Barmsee (1)**.

> **WUSSTEN SIE SCHON?**
>
> Der Barmsee ist mit einer Fläche von 0,5 km² relativ klein. Das Besondere an dem 885 m hoch gelegenen See ist, dass sich nur seine oberen Wasserschichten durchmischen, während die Schichten am Grund des Sees sauerstofffrei bleiben. Biologen nennen dieses Phänomen meromiktisch (griechisch: meros = Teil). Dies ist möglich, weil der Barmsee sehr windgeschützt liegt und seine Wasseroberfläche im Verhältnis zum 30 m tiefen Grund eine zu kleine Angriffsfläche für den Wind bietet.

Bayerische Voralpen

Goas-Alm, 986 m

Durch die Buckelwiesen bei Klais ★★★

Ausgangspunkt dieser Wanderung ist das zwischen Garmisch und Mittenwald gelegene Dörfchen Klais. Hier scheint die Zeit stehen geblieben zu sein. Üppige Blumenkästen, traditionelle Holzhäuser und eine schmucke kleine Kapelle vor beeindruckendem Bergpanorama prägen das Ortsbild. Von Klais wandern wir auf flachen, außergewöhnlich aussichtsreichen Wegen durch die Buckelwiesen. Diese sanften, grasbewachsenen Bodenwellen sind ein Relikt aus der Eiszeit. Sie stehen unter Naturschutz und bieten über 200 teils seltenen Pflanzenarten eine Heimat. Unser Ziel ist die Goas-Alm, die auf einem hübschen Aussichtsplateau vor der imposanten Kulisse von Karwendel-, Wetterstein- und Estergebirge liegt.

Blick von der Goas-Alm zurück auf den Weg durch Buckelwiesen und Felder.

KURZINFO

Ausgangspunkt: Wanderparkplatz in Klais, 933 m, 200 m westlich des Bahnhofs.
Anfahrt: Mit dem Auto von München kommend auf der A 95 bis Eschenlohe. Ab Autobahnende weiter auf der B 2 über Partenkirchen in Richtung Mittenwald bis zur Abzweigung nach Klais (Navi: Bahnhofstraße / 82493 Klais).
Mit der Bahn direkte Verbindung von München Hbf. nach Klais Bhf. (etwa 1.40 Std. Fahrzeit). Dort direkter Einstieg in die Tour.
Gehzeit: 2.15 Std.
Distanz: 8,6 km.
Höhenunterschied: 110 m.
Anforderungen: Leichte Wanderung im Tal auf flachen und sehr gut befestigten Wanderwegen, die auch mit normalem Schuhwerk gut zu gehen ist. Ein steileres Gefälle (ca. 500 m) und ein steilerer Anstieg (ca. 700 m).

Rast: Viele Bänke mit schöner Aussicht. Einkehrmöglichkeit auf halber Strecke.
Einkehr: Goas-Alm, Almkäserei mit kleinen Brotzeiten, geöffnet Dienstag bis Sonntag 11–17 Uhr, Montag Ruhetag, Buckelwiesen 5, 82481 Mittenwald, Tel. +49 8823 2573, www.goas-alm.de. Weitere Einkehrmöglichkeiten in Klais.
Kinder: Die Strecke ist kinderwagentauglich, einzig die Passage über die Römerstraße muss umgangen werden. Hierzu geht man am Beginn der Römerstraße über die Brücke, dann links und folgt der geteerten Straße für 300 m. Danach biegt man wieder links in den Wald und wenige Meter später zurück auf der Hauptroute. Die Goas-Alm ist sehr kinderfreundlich und hat außerdem einen kleinen Spielplatz.
Variante: Siehe Kinder.
Touristeninformation: Tourist-Information Krün, Rathausplatz 1, 82494 Krün, Tel. +49 8825 1094, www.urlaub-in-klais.de.

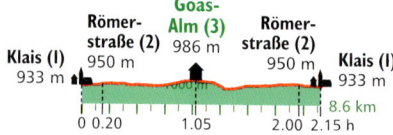

Wir parken auf dem ausgeschilderten Wanderparkplatz von Klais (1), der knapp 200 m westlich des Bahnhofs liegt. Von dort aus gehen wir auf der Bahnhofstraße in Richtung Ortsmitte bis zum Gasthof Post zurück. Wir bleiben auf der Bahnhofstraße, die hier einen Linksbogen macht, und biegen knapp 100 m hinter dem Gasthof nach rechts in die Straße »Im Kirchfeld« ab. Ab hier ist unsere Route als »Buckelwiesen-Rundgang/Mittenwald« ausgeschildert. Nach weiteren 100 m halten wir uns erneut rechts und verlassen die asphaltierte Straße. Der Wanderweg führt uns am Bach entlang, vorbei an der Informationstafel über das historische Klais und anschließend in den Wald. An der Verzweigung bei der nächsten Brücke folgen wir der Beschilderung »Buckelwiesenrundgang« und wandern nun auf der historischen Römerstraße (2) leicht bergauf. Wenige Minuten später treten wir aus dem Wald hinaus. Vor uns erstrecken sich die sanften Hügel der Buckelwiesen und im Hintergrund ragt das Karwendelgebirge mit seinen imposanten Felswänden empor.

Auf sehr flachen und bequem zu gehenden Kieswegen wandern wir zwischen weidenden Schafen und Kühen, kleinen Holzhütten und einzelnen Bäumen. An der nächsten Weggabelung, bei der auf einer Anhöhe gelegenen Ruhebank, halten wir uns geradeaus. Anschließend geht es leicht bergab, bis wir etwa 10 Min. später die Landstraße erreichen, die von Klais nach Mittenwald führt. Wir überqueren diese, kreuzen hinter der Bushaltestelle die Bahngleise und gehen geradeaus in Richtung Mittenwald. Wir lassen alle Abzweigungen unbeachtet, bis wir nach einem knappen Kilometer an eine Kreuzung mit einer Bank kommen. Hier biegen wir nach rechts ab in Richtung Tonihof und Goas-Alm. Der Weg wird etwas schmaler und führt uns zu einem sonnigen Plateau hinauf. Am Ende des Anstiegs werden wir von einem beeindruckenden Bergpanorama begrüßt. Im Nordwesten blicken wir auf das Estergebirge mit Wank, Bischof und Krottenkopf. Im Osten sehen wir die Soierngruppe mit der Schöttelkarspitze, 2049 m. Im Südosten erhebt sich das Karwendelgebirge in voller Größe und im Südwesten sehen wir bis zum Wettersteingebirge. Direkt vor uns liegt die Goas-Alm (3), wo es hofeigenen Käse und selbst gemachtes Bauernhof-Eis sowie kleine Brotzeiten gibt.

Auf dem Rückweg lassen wir die Goas-Alm rechter Hand und wandern, begleitet von dem sagenhaften 360-Grad-Bergpanorama auf der Hochstraße in Richtung Norden. Nach 900 m biegen wir nach links in

Buckelwiesen mit Karwendelpanorama.

Richtung »Tennsee/Klais« ab. Etwa 100 m später macht das Sträßchen eine Linkskurve. Hier verlassen wir den Weg und folgen der Beschilderung »Tennsee/Klais« geradeaus. Nun geht es steiler bergab durch den Wald. An der nächsten Verzweigung halten wir uns links in Richtung Klais und lassen den Tennsee und den Campingplatz zu unserer Rechten liegen. Nun wird der Weg wieder flach und wir wandern zwischen Wiesen hindurch dem Wettersteingebirge entgegen.

An der nächsten Kreuzung halten wir uns links in Richtung »Mittenwald/Buckelwiesenrundgang«. Wir folgen diesem Sträßchen, bis sich nach knapp 45 Min. Gehzeit (von der Goas-Alm) unser Rundweg schließt und wir wieder die Bahnlinie erreichen. Wir überqueren an derselben Stelle die Gleise sowie die Landstraße und kehren auf der bekannten Strecke über die Römerstraße nach Klais (1) zurück.

WUSSTEN SIE SCHON?

Die Römerstraße bei Klais, über die wir ein kurzes Stück gehen, zeugt von einer zweieinhalbtausend Jahre alten Vergangenheit. Sie wurde ursprünglich von den Kelten angelegt, die hier bereits ab dem 5. Jahrhundert v. Chr. Handel trieben und mit ihren Karren die Straße benutzten. Ab 15 v. Chr. wurde diese Straße von römischen Soldaten benutzt und ausgebaut. Ob die heute noch deutlich sichtbaren Spurrillen von den Römern oder schon früher von den Kelten in den felsigen Untergrund eingeschlagen wurden, um den Wagen mehr Stabilität zu verleihen und seitliches Ausbrechen zu verhindern, lässt sich heute nicht mit Bestimmtheit sagen. Jedenfalls ist diese historische Geleisestraße ein spannendes Relikt vergangener Zeiten.

Karwendelgebirge

22 ▶ Binsalm, 1502 m

Über dem Großen Ahornboden

Am Talabschluss des Engtales im Karwendelgebirge, zwischen Gamsjoch, Lamsenspitze und Sonnjoch liegt der Große Ahornboden. Auf seinem Grund wachsen rund 2000 Ahornbäume, die bis zu 600 Jahre alt sind. Besonders sehenswert ist diese schöne Landschaft im Herbst, wenn sich die Blätter der knorrigen alten Ahornbäume verfärben und das Laub flammend gelb leuchtet. Dann bietet sich hier – zusammen mit dem Kontrast des dahinter emporragenden Hochgebirges – ein einzigartiges Naturschauspiel. Wir beginnen unsere Wanderung beim Alpengasthof Eng und wandern mit Blick auf die mächtigen Felsgipfel des Karwendelhauptkamms zunächst ein Stück über den großen, flachen Ahornboden. Anschließend steigen wir rund 300 Hm zur Binsalm auf, wo wir auf der Sonnenterrasse mit Blick auf das Gamsjoch rasten können. Für geübte Wanderer empfiehlt sich der Rückweg über den sogenannten Panoramaweg. Dieser gibt fulminante Blicke über das Karwendel und den Enger Grund frei.

KURZINFO

Talort: Hinterriß, 928 m.
Ausgangspunkt: Wanderparkplatz (P10) in der Eng, 1203 m.
Anfahrt: Von München kommend über Bad Tölz und Lenggries auf der B 13 zum Sylvensteinstausee. Weiter auf der B 307 nach Vorderriß und Hinterriß. Ab Hinterriß gebührenpflichtige Mautstraße in die Eng (Navi: Eng 1 / A-6215 Hinterriß).
Mit dem Zug von München Hbf. bis Lenggries (Fahrzeit ca. 1 Std.). Von dort weiter mit dem Oberbayernbus 9569 Richtung »Eng Tirol Gasthaus« bis Gasthaus Eng (Fahrzeit ca. 1 Std.), www.bahn.de. Direkter Einstieg in die Tour.
Gehzeit: 2.00 Std.
Distanz: 6,5 km.
Höhenunterschied: 300 m.
Anforderungen: Flacher Weg auf dem ersten Kilometer der Wanderung. Dann mit gleichmäßiger, aber anspruchsvoller Steigung (ca. 300 Hm auf 2 km) auf einem Schotterweg bis zur Binsalm.
Rast: Auf dem Anstieg zur Binsalm keine Rastmöglichkeit.
Einkehr: Alpengasthof Eng, 1203 m, geöffnet Anfang Mai bis Ende Oktober, Tel. +43 5245 231, www.eng.at. Rasthütte Eng-Alm, Selbstbedienungsrestaurant, geöffnet Anfang Mai bis Ende Oktober, www.engalm.at/die-eng-alm/ rasthuette. Binsalm, 1502 m, geöffnet Mitte Mai bis Ende Oktober, Tel. +43 5245 214, www.binsalm.at.
Kinder: Geeignet für Kinder, die bereits etwas Ausdauer im Bergaufgehen haben. Unterwegs kann man am Bach spielen sowie Kühe und Pferde beobachten.
Variante: Rückweg über den Panoramaweg. Diese landschaftlich schöne Variante mit grandiosem Blick auf die Berge ist deutlich schwieriger als der Aufstiegsweg und nur für Wanderer empfehlenswert, die sich in alpinem Gelände wohlfühlen. Der steile Anstieg erfordert etwas Kondition, der steile Abstieg auf einem schmalen Wanderpfad ist anstrengend für die Knie und verlangt zudem Trittsicherheit. Nach Regen oder Schnee ist bei dieser Variante aufgrund von Rutschgefahr Vorsicht geboten! Gehzeit 2.20 Std. (Parkplatz – Binsalm 1.10 Min., Binsalm – Plateau des Panoramawegs 15 Min., Plateau – Alpengasthof Eng 55 Min.), Distanz 7 km, 430 Hm. Details siehe Tourenbeschreibung.
Touristeninformation: Infozentrum Karwendel, Tel. +43 5245 28914, www.karwendel.org.

Die Eng-Almen zu Füßen des Karwendelhauptkammes.

Wir parken in der Nähe des **Alpengasthofs Eng (1)** und gehen nach dem Gasthof über eine kleine Brücke in Richtung Eng-Almen. Diese liegen am Ende des Talgrundes direkt unterhalb des gewaltig vor uns emporragenden Karwendelhauptkamms. Wir wandern auf die Felswände zu und erreichen bereits nach 10 Min. die historischen **Eng-Almen (2)**. Rund ein Dutzend kleiner Almhütten stehen hier. Sie sind heute im Besitz von zehn Bauern aus dem mittleren Tiroler Unterinntal, die hier jeden Sommer ihre ungefähr 500 Rinder weiden lassen. In der Almkäserei kann man Käse aus eigener Herstellung kaufen und in der Schaukäserei zusehen, wie die Milch zu Bergkäse verarbeitet wird. Nach dem Bauernladen an der **Rasthütte Eng-Alm** (Einkehrmöglichkeit) zweigen wir nach links ab und folgen dem Wegweiser zur Binsalm. Bald überqueren wir den Rißbach. Wenige Meter danach macht der Weg eine Linkskurve und beginnt

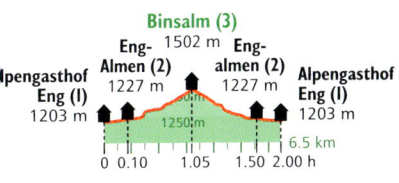

Blick auf das Gamsjoch beim Aufstieg zur Binsalm.

stärker anzusteigen. Wir gewinnen schnell an Höhe und können bald die Eng-Almen von oben sehen. Der Almfahrweg windet sich mit gleichmäßiger Steigung in Kehren aufwärts. Beim Blick nach hinten sehen wir das Gamsjoch, 2452 m, und den Großen Ahornboden. Nach einer guten Stunde erreichen wir die **Binsalm (3)**, die mit ihrer Aussichtsterrasse zur Einkehr einlädt.

Für den Rückweg gibt es zwei Varianten. Die schnelle und einfache Route führt auf demselben Weg zum Ausgangspunkt zurück. Deutlich steiler und anstrengender, aber aufgrund der gewaltigen Gipfelschau lohnenswert, ist der Rückweg über den **Panoramaweg**, für den man rund eineinhalb Stunden Gehzeit sowie zusätzliche 130 Hm im Anstieg und 430 Hm im Abstieg einplanen muss. Dazu folgen wir dem Wirtschaftsweg, der vor der Binsalm abzweigt und nach wenigen Metern eine Rechtskurve macht. Der Aufstieg ist steinig und sehr steil, doch bereits nach knapp 15 Min. erreichen wir ein aussichtsreiches Plateau. Der Blick auf den Enger Grund, die Eng-Almen, Hochglück, Gumpenspitze, Gamsjoch und das Karwendelhauptmassiv ist grandios. Hier gibt es idyllisch gelegene Bänke, von denen aus wir das Panorama genießen können.

Anschließend geht es 200 m flach weiter, doch ab der verfallenen **Drijaggen-Alm** führt uns der Pfad über die Almwiesen bergab. Einige Minuten nachdem wir das Plateau verlassen haben, kommen wir zu einer kleinen Gabelung, an der ein Schild mit der Aufschrift »Panoramaweg« angebracht ist. Der Richtungspfeil ist sehr undeutlich. Wir halten uns in Gehrichtung geradeaus (Süden) und wandern eben am Berg entlang, bis wir fast mit der Nase an die wuchtigen Felswände von Eiskarl und Spritzkar stoßen, die vor uns emporragen. Am Ende des Pfads biegen wir nach rechts und folgen dem Panoramaweg, der sich ab hier in vielen kleinen Serpentinen bergab durch den Wald schlängelt. Der Pfad ist steil und nur spärlich ausgeschildert. Wenn wir uns an den roten Wegmarkierungen orientieren und immer talwärts halten, können wir den Pfad aber nicht verfehlen.

Nachdem der Wald sich gelichtet hat, sehen wir vor uns bereits die **Eng-Almen (2)** und hören neben uns den Rißbach rauschen. Wir steigen über die Almwiesen hinab ins Tal und erreichen nach einer guten halben Stunde den breiten Almfahrweg, den wir bereits vom Hinweg kennen. Von hier sind es noch rund 15 Min. bis zum Parkplatz nahe dem **Alpengasthof Eng (1)**.

Bayerische Voralpen

Schwarzentenn-Alm, 1040 m

Zwischen Leonhardstein und Buchstein ★

Diese Wanderung führt vom Parkplatz Winterstube zur gemütlichen Schwarzentenn-Alm, die auf einem Hochplateau südlich des Hirschbergs liegt. Der sanfte, kaum merkliche Anstieg führt über einen hübschen, von Wiesen und Wald gesäumten Fußweg entlang dem rauschenden Schwarzenbach. Obwohl wir im bewaldeten Schwarzenbachtal keinen Weitblick haben, ist der Weg kurzweilig. Der Gebirgsbach gluckert unterhaltsam vor sich hin, die Sonne blinzelt zwischen den Bäumen hindurch, Steine und Gräser am Wegrand formen ein interessantes Landschaftsbild und gelegentlich können wir den Leonhardstein zwischen den Bäumen hindurch erblicken.

KURZINFO

Talort: Kreuth, 782 m.
Ausgangspunkt: Wanderparkplatz Winterstube an der B 307, 840 m.
Anfahrt: Mit dem Auto über die A 8 bis Ausfahrt Holzkirchen, weiter über die B 318 Richtung Tegernsee. Ab Gmund auf der B 307 nach Kreuth und weiter bis zum Wanderparkplatz Winterstube, der ca. 2,5 km hinter der Abzweigung nach Wildbad Kreuth liegt (Navi: Klamm 1 / 83708 Kreuth).
Mit der Bahn von München Hbf. bis Tegernsee Bhf. (ca. 1 Std. Fahrzeit), weiter mit dem Oberbayernbus 9556 Richtung »Stuben / Kreuth« bis zur Haltestelle »Klamm« (ca. 40 Min. Fahrzeit), www.bahn.de. Direkter Einstieg in die Tour.
Gehzeit: 2.15 Std.
Distanz: 9,1 km.
Höhenunterschied: 200 m.
Anforderungen: Die Wanderung verläuft überwiegend auf sanft ansteigenden Wanderpfaden und Almfahrwegen durch Laub- und Nadelwald und über ein Hochplateau.
Rast: Viele Bänke am Wegrand.
Einkehr: Schwarzentenn-Alm, 1040 m, im Sommer donnerstags, im Winter mittwochs und donnerstags Ruhetag, Betriebsruhe im November und April. Von November bis Weihnachten nur am Wochenende geöffnet, Tel. +49 8029 386.
Kinder: Der schmale Wanderpfad entlang des Schwarzenbachs ist sehr spannend für Kinder und bietet viel Raum für ungefährliche Erkundungstouren abseits des Weges und Spielpausen am Bach. Mit dem Kinderwagen benutzt man die Almfahrstraße (Abstiegsweg) für den Auf- und Abstieg.
Winter: Die Wege sind im Winter geräumt.
Touristeninformation: Kurverwaltung Kreuth, Nördliche Hauptstraße 3, 83708 Kreuth, Tel. +49 8029 1819, www.tegernsee.com/kreuth.

Der Schwarzenbach.

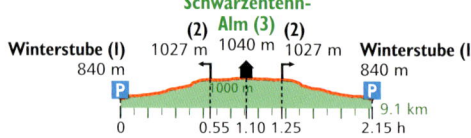

Am Wanderparkplatz **Winterstube (1)** überqueren wir die Bundesstraße und folgen der Beschilderung Richtung »Schwarzentenn-Alm/Roß- und Buchstein«. Die breite Almfahrstraße führt uns in nördliche Richtung in das **Schwarzenbachtal** hinein. Nach ungefähr 600 m verlassen wir den Fahrweg nach links und überqueren auf einer kleinen Holzbrücke den Schwarzenbach. Wir folgen nun dem Fußweg zur Schwarzentenn-Alm (Markierung »RB«), der sich links des Schwarzenbachs mit ganz leichter Steigung durch den Wald schlängelt.

Nach etwa 30 Min. überqueren wir nochmals den Schwarzenbach. Anschließend wird der Weg kurzzeitig steiler und steiniger und das Landschaftsbild ändert sich: Steine und Geröll säumen den Wegrand und wir wandern durch einen Märchenwald mit Moos überwachsenen Felsen und Baumstämmen.

Rund einen Kilometer nachdem wir zum zweiten Mal den Schwarzenbach überquert haben, kommen wir auf eine kleine Lichtung, wo wir beim Blick nach hinten die markante Silhouette des Leonhardsteins (1452 m) sehen können. Der Weg wird nun wieder etwas steiler, während neben uns der Schwarzenbach durch eine Schlucht rauscht.

Nach knapp einer Stunde Gehzeit stoßen wir auf einen breiten **Fahrweg**, der zur Buchsteinhütte führt. Wir biegen nach rechts auf den Fahrweg ein und folgen diesem bis zur nächsten Weggabelung **(2)**, an der wir nach links abbiegen. Nun weitet sich der Taleinschnitt und wir wandern auf einem Almfahrweg zwischen Wiesen hindurch. 15 Min. später erreichen wir schließlich die **Schwarzentenn-Alm (3)**, die vor der schönen Kulisse des Hirschbergs

Auf dem Hochplateau der Schwarzentenn-Alm.

auf einem sonnigen Hochplateau liegt.

Auf dem Rückweg haben wir gleich zu Beginn einen tollen Blick auf den Leonhardstein und die Blauberge. Nach 10 bis 15 Min. erreichen wir die erste Kreuzung. Um die Tour als Rundweg zu gehen, lassen wir den nach rechts abzweigenden Weg zum Buchstein unbeachtet und folgen stattdessen dem geradeaus führenden Fahrweg bergab durch den Wald. Dieser hat nicht den gleichen Charme, den die Aufstiegsroute entlang dem Bach bietet, dafür sieht man immer wieder zwischen den Bäumen hindurch auf den Leonhardstein, die Blauberge sowie den Buchstein. Nach einer Stunde auf dem Fahrweg erreichen wir schließlich wieder den Parkplatz Winterstube (1).

WUSSTEN SIE SCHON?

Der Schwarzenbach entspringt oberhalb der Schwarzentenn-Alm und fließt zwischen Buchstein und Leonhardstein talwärts zur Weissach. Nach starken Niederschlägen wird er zum reißenden Wildbach und schwemmt Unmengen von Sand und Geröll an. Immer wieder wurde die Bundesstraße durch Murgänge unpassierbar. Um diese Überschwemmungen zu verhindern, wurde eine Wildholz- und Geschiebe-Rückhaltevorrichtung gebaut, die man am Startpunkt der Tour sehen kann.

Bayerische Voralpen

24 Nach Wildbad Kreuth

Flusswanderung über die Siebenhüttenalm

Südlich des Tegernsees auf einer Anhöhe am Fuß des Hohlensteins liegt Wildbad Kreuth. Das ehemalige Bad ist Ziel dieser Wanderung, die uns mit kaum merklicher Steigung am Ufer der Hofbauernweißach entlangführt. Begleitet vom Rauschen des Baches und dem Blick auf die Blauberge wandern wir zur urigen Siebenhüttenalm, wo die Zeit stehen geblieben scheint und die Einkehr ein besonderes Erlebnis ist. Auf dem Weiterweg blicken wir in die Schlucht der Hofbauernweißach und wandern über Wildbad Kreuth zu unserem Ausgangspunkt zurück.

KURZINFO

Talort: Kreuth, 782 m.
Ausgangspunkt: Wanderparkplatz Wildbad Kreuth, 793 m.

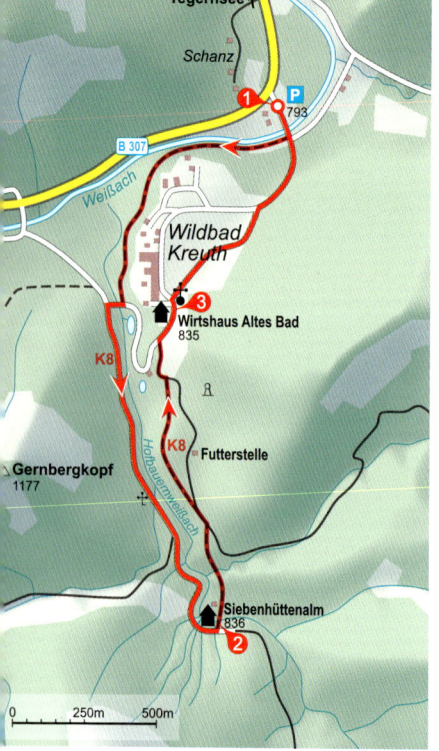

Anfahrt: Mit dem Auto über die A 8 bis Ausfahrt Holzkirchen, weiter über die B 318 Richtung Tegernsee. Ab Gmund auf der B 307 nach Kreuth. Ca. 1,5 km nach Ortsende links Richtung »Wildbad Kreuth/Hanns-Seidel-Stiftung« abbiegen. Der Wanderparkplatz Wildbad Kreuth befindet sich direkt an der B 307 (Navi: 83708 Wildbad Kreuth).
Mit der Bahn von München Hbf. bis Tegernsee Bhf. (ca. 1 Std. Fahrzeit), weiter mit dem Oberbayernbus 9556 in Richtung »Stuben« bis zur Haltestelle »Wildbad Kreuth« (ca. 30 Min. Fahrzeit). Direkter Einstieg in die Tour.
Gehzeit: 1.30 Std.
Distanz: 4,5 km.
Höhenunterschied: 50 m.
Anforderungen: Leichte Wanderung auf gut befestigten Forst- und Wanderwegen. Auf dem Hinweg geht es größtenteils leicht bergauf. Ein steiler, aber kurzer Anstieg zu Beginn des Rückwegs.
Rast: Unterwegs viele Bänke und auch Tische an der Hofbauernweißach.
Einkehr: Siebenhüttenalm, 836 m, geöffnet von Mai bis Oktober, kein Ruhetag, tegernseer-gastro.de/siebenhuetten. Wirtshaus »Altes Bad«, Altes Bad 2, 83708 Kreuth, Tel. +49 8029 304, Montag und Dienstag Ruhetag, www.altesbad.de.
Kinder: Unterwegs führen viele kleine »Indianerpfade« zum Flussbett, wo man mit Steinen und Schwemmholz spielen kann. Die Wanderung ist auch mit dem Kinderwagen eine schöne, einfache Tour.
Touristeninformation: Siehe Tour 23.

Am **Wanderparkplatz Wildbad Kreuth (1)** gehen wir in Richtung Süden und biegen nach der Holzbrücke rechts auf die Forststraße in Richtung Siebenhütten (»K8«). Wir wandern auf einem breiten und gut befestigten Weg an der Weißach entlang. An der Fischzucht Wildbad Kreuth gehen wir rechts über die kleine Brücke und folgen der Beschilderung »K8 / Siebenhütten«.

Nun geht es mit kaum merklicher Steigung am Ufer der **Hofbauernweißach** entlang. Immer wieder können wir zwischen den Bäumen hindurch einen Blick auf die Blauberge mit der Halserspitz werfen. Das Rauschen des Flusses begleitet uns den ganzen Weg hinauf bis zur **Siebenhüttenalm (2)**. Von den sieben Hütten der sieben Almbauern, die einstmals ihr Vieh dorthin getrieben haben, steht heute nur noch eine. Nach insgesamt 45 Min. erreichen wir die gemütliche Almhütte mit ihrer alten Holzstube. Sehenswert ist auch die urige Küche aus Großmutters Zeiten. In Siebenhütten wird Wert darauf gelegt, die Tradition zu bewahren. Die Hütten sind schindelgedeckt und in traditionellem Stil hergerichtet, Brotzeiten regional. Bei gutem Wetter sitzt man draußen unter alten Bäumen und genießt den Ausblick.

Gestärkt geht es hinter dem Haus weiter. Ein schmaler Weg (»K8«) führt über Wurzeln zuerst leicht bergab. Dann folgt ein kurzer, aber steiler Anstieg. Kaum haben wir diesen bewältigt, zeigt sich die Hofbauernweißach von einer ganz anderen Seite. Wir stehen nun oberhalb einer Schlucht und haben einen tollen Tiefblick auf den rauschenden Gebirgsbach. Wir folgen der Beschilderung »Heilklima Wanderweg 11/K8« und wandern auf

Siebenhütten.

flachen Wegen durch den Wald, während uns weiterhin das Rauschen des Flusses begleitet. An der nächsten Lichtung treffen wir auf das Wirtshaus **»Altes Bad« (3)**. Das Lokal, von dem man sagt, dass hier früher Könige und Zaren getafelt haben, liegt wunderschön umgeben von Wiesen am Fuß des Hohlensteins.

Wir halten uns rechts in Richtung Wirtshaus und gehen auf einem Teersträßchen am Waldrand entlang. Nach rund 500 m führt der Weg bergab durch den Wald und wir erreichen etwa 10 Min. später wieder den **Wanderparkplatz Wildbad Kreuth (1)**.

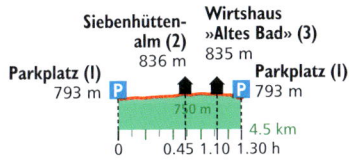

Bayerische Voralpen

25 ▶ Rotwand, 1884 m

Der Aussichtsgipfel am Spitzingsee

Die Rotwand ist die höchste Erhebung der Schlierseer Berge. Ihren Namen hat sie von dem rötlichen Gestein ihrer Südwände, die man schon von Weitem sehen kann. Die Kabinenbahn bringt uns von Spitzingsee bis auf 1613 m Höhe unterhalb des Taubensteins. Dort beginnt die Tour mit einem felsigen Anstieg, der auf dem ersten Kilometer Trittsicherheit erfordert. Danach geht es in moderatem Auf und Ab weiter. Auf der gesamten Wanderung genießen wir ein großartiges Bergpanorama. Vom Rotwandhaus kann man in 15 Min. auf den Rotwandgipfel steigen. Oben wird man mit einem sensationellen Blick auf die Schlierseer Berge, den Wilden Kaiser, den Großglockner, den Großvenediger, die Zillertaler Berge und das Karwendelgebirge bis hin zur Zugspitze belohnt.

KURZINFO

Talort: Spitzingsee, 1090 m.
Ausgangpunkt: Parkplatz an der Taubensteinbahn kurz vor dem Ort Spitzingsee, 1100 m.
Anfahrt: Mit dem Auto auf der A 8 bis Ausfahrt Weyarn. Weiter nach Miesbach. Von dort auf der B 307 zum Schliersee und weiter nach Neuhaus, danach rechts auf der Spitzingstraße zum Spitzingsee. Kurz vor dem Ort linker Hand auf dem Parkplatz der Taubensteinbahn parken (für Benutzer der Bergbahn kostenlos; Navi: Spitzingstraße 12 / 83727 Spitzingsee).
Ab München Hbf. mit der Bayerischen Oberlandbahn (BOB) im Stundentakt nach Schliersee/Fischbach-Neuhausen Bhf. (ca. 1 Std.). Weiter mit dem Oberbayernbus 9562 nach Spitzingsee zur Haltestelle »Taubensteinbahn« (ca. 15 Min.).
Taubenstein-Kabinenbahn: In Betrieb von Mai bis Anfang November täglich 9–17 Uhr, Tel. +49 8026 92922913, www.alpenbahnen-spitzingsee.de.
Gehzeit: 2.15 Std. mit Gipfel.
Distanz: 4,8 km ohne Gipfel, 5,5 km mit Gipfel.
Höhenunterschied: 160 m ohne Gipfel, 310 m mit Gipfel.
Anforderungen: Aussichtsreiche Tour, die nur bei trockenen Wetterverhältnissen in die Kategorie »Leicht« fällt. Im ersten Abschnitt der Wanderung etwas anspruchsvoller durch steile und felsige Passagen, die besonders nach Regen oder Schnee rutschig sind. Im Verlauf folgt ein weiterer steiler Anstieg, ansonsten leicht zu gehende Panoramawege. Der Gipfel ist auf einem steilen, aber ungefährlichen Steig in etwa 15 Min. zu erreichen, dieser zusätzliche Anstieg kann ausgelassen werden.
Rast: Rastmöglichkeiten an der Bergstation sowie am Rotwandhaus.
Einkehr: Rotwandhaus, 1737 m, ganzjährig geöffnet, Betriebsruhe von Anfang Dezember bis Weihnachten, Tel. +49 8026 7683, www.rotwandhaus.de. Taubenstein-Gipfelstüberl, 1613 m, Öffnungszeiten wie Taubenstein-Kabinenbahn, Tel. +49 8026 9222753.
Kinder: Die Fahrt mit der Kabinenbahn, abwechslungsreiche Pfade, mehrere Kletterfelsen, ein großer Spielplatz am See, unterhalb der Talstation, machen diese Wanderung zu einem interessanten Ausflug mit Kindern.
Variante: Rückweg über die Oberere Wallenburger Alm (mit zusätzlichen 100 Hm im Abstieg und Aufstieg) oder Abstieg nach Spitzingsee über die Wildfeldalm (650 Hm bergab). Details in der Tourenbeschreibung.
Touristeninformation: Gästeinformation Schliersee, Perfallstraße 4, 83727 Schliersee, Tel. +49 8026 60650, www.schliersee.de.

Auf dem Weg zur Rotwand reiht sich ein Gipfel an den anderen.

Wir fahren von der **Talstation der Taubensteinbahn (1)** bequem hinauf auf 1613 m Höhe und bekommen einen kleinen Vorgeschmack auf diese aussichtsreiche Tour. An der **Bergstation (2)** folgen wir dem Wegweiser »Rotwandhaus«, der uns über einen felsigen Anstieg am Taubenstein vorbei in Richtung Rotwand führt. Vorsicht, bei Nässe sind die ersten 500 m sehr rutschig und erfordern Trittsicherheit! Stöcke und festes Schuhwerk sind sehr empfehlenswert. Nach einem Kilometer haben wir die steinigen Passagen und die anspruchsvollen Steigungen hinter uns gelassen. Es geht nun mit gemäßigter Steigung auf einem bequemen Höhenweg in Richtung Süden. Kurze Zeit später folgen nochmals einige Treppenstufen, die uns rasch an Höhe gewinnen lassen. Begleitet von einer grandiosen Aussicht, die vom Hinteren Sonnwendjoch über den Stolzenberg und Roßkopf bis zur Brecherspitze reicht, wandern wir entlang dem Lempersberg hinauf zum **Kirchsteinsattel (3)**. Dort ist das Rotwandhaus bereits zu sehen. Wir gehen durch ein Weidegatter (Drehkreuz) und wandern geradeaus hinüber zum **Rotwandhaus (4)**, das wir knapp 15 Min. später erreichen. Hier können wir einkehren oder einfach nur die schöne Aussicht auf das Gipfel-

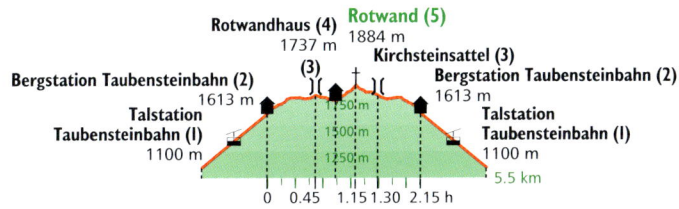

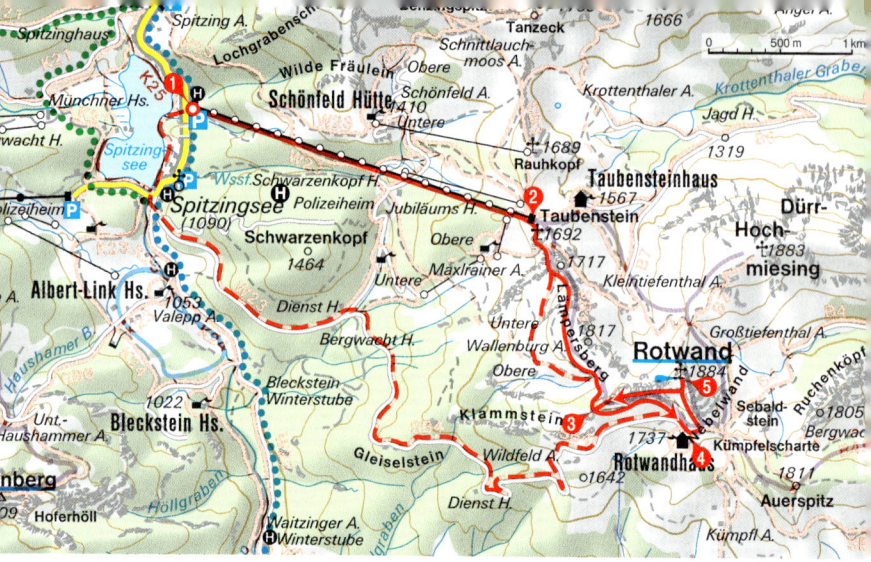

meer genießen. Einen noch gewaltigeren Blick hat man bei Fernsicht vom 1884 m hohen Gipfel der Rotwand (5). Diesen erreichen wir nach einem steilen, aber ungefährlichen 15-minütigen Anstieg, der direkt am Rotwandhaus beginnt. Am Gipfelkreuz ist eine große Tafel angebracht, auf der alle zu sehenden Berge aufführt sind.

Rückweg: Wer den Gipfel ausgelassen hat, geht vom Rotwandhaus auf demselben Weg zurück. Wer den Gipfel bestiegen hat, geht von dort auf dem Anstiegsweg etwa 300 m zurück, bis rechter Hand ein schmaler, etwas steiniger Fußweg abzweigt. Auf diesem wandern wir unterhalb des Gipfelkamms Richtung Kirchsteinsattel, den wir vor uns bereits sehen können und vom Gipfel aus in etwa 15 Min. erreichen (3). Dann geht es auf dem bekannten Weg zurück zur Bergstation (2) der Taubensteinbahn und mit der Gondel hinunter zur Talstation (1).

Variante über die Obere Wallenburger Alm: Wer nicht auf derselben Route zurückgehen möchte, durchquert das Drehkreuz am Kirchsteinsattel und zweigt 300 m später nach links ab. Ein schmaler unbeschilderter Pfad führt über Almwiesen in circa 15 Min. hinab zur Oberen Wallenburger Alm (1646 m). An der Alm halten wir uns rechts und folgen dem am Hüttendach angebrachten Wegweiser zur Bergstation Taubensteinbahn. Ein Pfad, der im weiteren Verlauf etwas steinig wird, führt uns über Almwiesen leicht bergauf. Weitere 20 Min. später treffen wir wieder auf den bekannten Weg, biegen links auf diesen ein und erreichen kurze Zeit später die Bergstation der Taubensteinbahn.

Variante über die Wildfeldalm: Alternativ zum oben beschriebenen Höhenweg kann man vom Rotwandhaus auf einer Forststraße mit einigen steilen Passagen in zweieinhalb Stunden über die Wildfeldalm nach Spitzingsee hinabwandern (ausgeschildert). Am Seeufer entlang geht es dann zurück zur Talstation der Taubensteinbahn. Die Route führt meist durch Wald und man muss vom Gipfel aus 800 Hm und vom Rotwandhaus 650 Hm bergab bewältigen.

Bayerische Voralpen

Rund um den Spitzingsee

Über die Almwiesen der Valepp ★★

Ausgangspunkt dieser Tour ist der auf 1085 m gelegene Spitzingsee. Von dort wandern wir ohne große Höhenunterschiede zur Albert-Link-Hütte, die einen wunderschönen Ausblick auf das Sonnwendjoch bietet. Anschließend gehen wir in weitem Bogen über die saftigen Almwiesen der Valepp. Wir umrunden den Spitzingsee auf abwechslungsreichen Pfaden und genießen dabei den Blick ins Gebirge sowie auf den schönen See. Obwohl wir auf flachen Wegen wandern, haben wir stets das Gefühl, mitten in den Bergen zu sein. Die Strecke kann beliebig erweitert oder abgekürzt werden.

KURZINFO

Ausgangspunkt: Parkplatz gegenüber dem Hotel Arabella Alpenhotel in Spitzingsee (gebührenpflichtig), 1090 m.
Anfahrt: Mit dem Auto auf der A 8 bis Ausfahrt Weyarn, weiter nach Miesbach. Von dort auf der B 307 zum Schliersee und weiter nach Neuhaus, danach rechts auf der Spitzingstraße nach Spitzingsee. (Navi: Seeweg 7 / 83727 Spitzingsee).
Ab München Hbf. mit der Bayerischen Oberlandbahn (BOB) nach Schliersee/Fischbach-Neuhausen Bhf. (ca. 1 Std.). Weiter mit dem Oberbayernbus 9562 nach Spitzingsee zur Haltestelle »Ortsmitte« (ca. 15 Min.).
Gehzeit: 1.45 Std.
Distanz: 5,7 km.
Höhenunterschied: 70 m.
Anforderungen: Einfach zu gehende Tour in flachem Gelände auf größtenteils befestigten Wegen, Teilstück geteert.
Rast: Unterwegs viele Einkehrmöglichkeiten.
Einkehr: Albert-Link-Hütte, 1053 m, ganzjährig geöffnet, Betriebsferien im April und November, Montag Ruhetag, Tel. +49 8026 71264, www.albert-link-huette.de. Alte Wurzhütte, kein Ruhetag, Rosskopfweg 1, 83727 Spitzingsee, Tel. +49 8026 60680, www.alte-wurz-huette.de. Blecksteinhaus, 1022 m, ganzjährig geöffnet, Dienstag Ruhetag, Am Bleckstein 1, 83727 Spitzingsee, Tel. +49 8026 71204, www.blecksteinhaus.de. Weitere Einkehrmöglichkeiten im Ort Spitzingsee.
Kinder: Viele Almwiesen mit Vieh, kleine Bächlein am Wegrand und der See sorgen für Abwechslung. An der Albert-Link-Hütte gibt es viel Platz, um auf den weitläufigen Wiesen zu toben, sowie einen Kinderspielplatz. An der Seepromenade in Schliersee gibt es ebenfalls einen großen Spielplatz. Die Tour ist für den Kinderwagen geeignet.
Bademöglichkeit: Baden ist erlaubt, das Wasser ist jedoch auch im Sommer recht kalt.
Varianten: Es gibt die Möglichkeit, die Tour auszudehnen oder zu verkürzen. Details siehe Tourenbescheibung.
Touristeninformation: Siehe Tour 25.

Am Südwestufer des Spitzingsees.

Blick von den Almwiesen der Valepp zum Sonnwendjoch.

Wir starten an dem großen Parkplatz gegenüber dem Arabella Alpenhotel am Spitzingsee (1). Von dort biegen wir nach links ab und gehen 250 m entlang der Straße in Richtung Stümpflingbahn. Vor der Brücke zweigen wir nochmals nach links ab und wandern an der Schranke beim Forsthaus Valepp vorbei. Wir folgen dem Lauf der rauschenden Valepp auf einem Asphaltsträßchen, das uns in Richtung Blecksteinhaus führt. Nach kurzer Zeit erblicken wir vor uns das mächtige Sonnwendjoch (1986 m) mit seinen schroffen Felswänden und genießen ein alpines Panorama in flachem Gelände. Kurz vor der Albert-Link-Hütte biegen wir nach rechts auf den Valepper Almweg »K23« ab. Dieser führt uns an der Albert-Link-Hütte (2) und ihrer schönen Sonnenterrasse vorbei, von der man einen herrlichen Blick auf die gewaltige Nordseite des Sonnwendjochs hat.

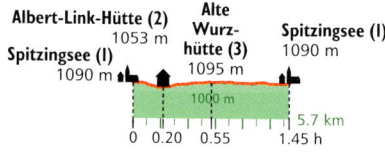

Nach dem kurzen und leichten Anstieg halten wir uns rechts in Richtung Spitzingsee (»K23«). Kleine Gebirgsbächlein plätschern am Wegesrand und wir spazieren auf einem gut befestigten Weg über die Almwiesen und die Lifttrasse des Valepper Schlepplifts in Richtung Spitzingsee. Zu unserer Linken liegt bald der Berggasthof Rosskopf und wenige Minuten später sehen wir rechts den Gasthof »Alte Wurzhütte« (3). Über den Rosskopfweg erreichen wir die Klausenhütte und das Ufer des Spitzingsees. Wir überqueren die Straße und biegen anschließend nach links in den E-ON-Trail, der uns direkt am See entlangführt. Nun geht es zuerst durch den Wald, dann über Wiesen. Dabei haben wir den schönen Bergsee meist im Blick, der durch sein klares Wasser und die Kulisse des Mangfallgebirges besticht. Selbst im Sommer erwärmt er sich selten auf mehr als 18 Grad. Baden ist – für Unverfrorene – erlaubt. Nach rund 50 Min. haben wir den See umrundet und treffen wieder beim Parkplatz am Spitzingsee (1) ein.

Wer nur einen kleinen Spaziergang machen möchte, kann die oben beschriebene Route abkürzen, indem er vom Parkplatz über die Albert-Link-Hütte zur Klausenalm spaziert und dann wieder zurück zum Parkplatz. Die Gehzeit beträgt dann nur 50 Min.

Wer die oben beschriebene Tour etwas ausdehnen möchte, geht an der Albert-Link-Hütte geradeaus und folgt dem Weg »K24«, der relativ eben über die Valepp zum Blecksteinhaus führt. Nach dem Gasthaus folgt ein kurzer Anstieg und dann geht es auf gleicher Höhe auf dem Rundweg »K24« weiter, bis man auf der Höhe der Albert-Link-Hütte auf den oben beschriebenen Weg trifft. Für diese Schleife muss man zusätzliche 50 Min. Gehzeit einplanen.

Auf dem Rundweg um den See.

WUSSTEN SIE SCHON?

An der Stelle, an der heute die Albert-Link-Hütte steht, wurde bereits 1739 die Valeppalm erbaut. Als fast 200 Jahre später das Skifahren in Mode kam und am Spitzingsee Skikurse und Skiwettkämpfe ausgetragen wurden, pachtete der damalige Skisportleiter der DAV-Sektion München, Albert Link, im Jahr 1919 die Valeppalm als Stützpunkt. Die damalige Alm hatte drei bewohnbare Räume mit acht Feldbetten und 24 Strohsäcken. Später kaufte der DAV die Alm und baute sie 1939 zum heutigen Berghaus in alpenländischem Stil um. In Erinnerung an Albert Link erhielt das Gebäude seinen Namen. Auch heute wird das Brot noch vor der Hütte in einem großen Holzofen gebacken und es gibt selbst geräucherten Käse und Speck.

Bayerische Voralpen

27 Entlang dem Schliersee

Uferwanderung mit Schifffahrt

Auf diesem schönen Rundweg zeigt sich der Schliersee aus zwei ganz unterschiedlichen Perspektiven. Wir starten an seiner Südseite und wandern von dort auf flachen Wegen entlang dem Westufer. Dabei blicken wir stets auf den hübschen Bergsee, der zwischen Schliersberg und Hirschgeröhrkopf liegt und von Wiesen und Wäldern eingerahmt wird. Am Nordufer präsentiert sich die Landschaft ganz anders. Hier haben wir einen wunderbaren Blick auf Aiplspitz, Jägerkamp, Brecherspitz und Bodenschneid und können diesen ausgiebig genießen, während wir mit dem Schiff zu unserem Ausgangspunkt zurückfahren.

KURZINFO

Ausgangspunkt: Wanderparkplatz am südlichen Ende des Schliersees (Fischhausen, 780 m).
Anreise: Mit dem Auto auf der A 8 bis Ausfahrt Weyarn. Weiter nach Miesbach und auf der B 307 nach Schliersee und durch den Ort hindurch. Am südlichen Ende des Schliersees auf dem Wanderparkplatz gegenüber dem Fischhausener Bootsverleih parken (Navi: Neushauser Str. 1 / 83727 Schliersee).
Mit der Bayerischen Oberlandbahn (BOB) stündliche Verbindung von München Hbf. nach Schliersee/Fischhausen-Neuhaus Bhf. (Fahrzeit ca. 1 Std.) Von dort zu Fuß über Wendelstein und Fischhauserstraße bis zum Seeufer (ca. 20 Min.).
Schliersee-Schifffahrt: Von Mai bis September. Von Schliersee legt bei schönem Wetter zu jeder vollen Stunde ein Schiff ab und fährt über die Insel Wörth in 30 Min. nach Fischhausen. Infos unter www.schlierseeschifffahrt.de.
Gehzeit: 1.15 Std.
Distanz: 4,8 km.
Höhenunterschied: 20 m.
Anforderungen: Sehr einfache, kurze Wanderung ohne Steigungen.
Gelände: Geteerte und gut befestigte Wege entlang des Sees und durch ein kurzes Stück Wald.
Rast: Unterwegs zahlreiche Bänke am Wegrand.
Einkehr: Rixner Alm, kein Ruhetag, Westerbergstraße 40, 83727 Schliersee, Tel. +49 160 95812204, www.rixner-alm.de. Seehotel Schlierseer Hof Restaurant und Biergarten am See, kein Ruhetag, Tel. +49 8026 929200, Seestraße 21, 83727 Schliersee, www.schlierseerhof.de. Viele weitere Einkehrmöglichkeiten in Schliersee.
Kinder: Die Kürze der Tour gepaart mit mehreren Bademöglichkeiten, dem großen Spielplatz an der Seepromenade in Schliersee sowie einer Schifffahrt machen diese Wanderung für Kinder zu einem abwechslungsreichen Ausflug. Die flachen Wege sind bestens für den Kinderwagen geeignet.
Bademöglichkeit: Unterwegs finden sich immer wieder Badestellen, um in den See zu springen.
Variante: Gesamte Seeumrundung (Distanz 7,5 km, Gehzeit insgesamt 2 Std.). Details siehe Tourenbeschreibung.
Touristeninformation: Gästeinformation Schliersee, Perfallstraße 4, 83727 Schliersee, Tel. +49 8026 60650, www.schliersee.de.

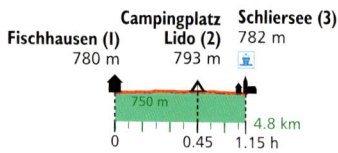

Die Seepromenade in Schliersee.

Wir parken an der B 307 im Ortsteil **Fischhausen (1)** und gehen vom Parkplatz hinab zum See, wo wir im Uhrzeigersinn am Südufer entlanggehen. Zuerst kommen wir an mehreren kleinen Bootshäuschen vorbei, wo man Tret- und Motorboote mieten kann, und erreichen nach etwa 10 Min. das Westufer des Sees. Wir spazieren auf flachen Wegen direkt am Wasser mit Blick auf die Insel Wörth, den Schliersberg, den Breitenberg und den Hirschgeröhrkopf. Im weiteren Verlauf kreuzen wir einmal die Bahngleise und gehen anschließend links der Bahnlinie bis zum **Campingplatz Lido (2)**, den wir nach etwa 45 Min. erreichen. Dort überqueren wir zunächst den Wanderparkplatz und biegen nach der kleinen Brücke links in die Westerbergstraße ein. Kurz darauf zweigen wir nach rechts in die Tegernseerstraße ab, überqueren nochmals die Bahngleise und gehen nach einer weiteren Brücke sofort links in

Richtung Schliersee. Es geht nun etwa 100 m leicht bergab, dann zweigen wir nach rechts ab und folgen dem Waldweg, der uns an der Eisstockbahn vorbeiführt. An der

Das Schlierseer Tal.

nächsten Brücke biegen wir wieder rechts in Richtung Bahnhof ab und erreichen bald die Promenade von Schliersee (3). Wir wandern an mehreren Gasthäusern vorbei bis zu einem großen Spielplatz. Gegenüber ist eine Bootsanlegestelle (großes blaues Schild mit Aufschrift »Motorschiff«). Von hier aus können wir mit dem Schiff nach Fischhausen zurückkehren. Wer noch etwas Zeit hat, kann auf der Insel Wörth einen Zwischenstopp einlegen. Man hat von dort einen traumhaften Blick auf die Berge, kann den Aussichtsturm besteigen oder an den Badeplätzen sowie vom Restaurant aus die Landschaft genießen, bevor man mit dem nächsten Schiff weiter nach Fischhausen (1) fährt.

Gesamte Seeumrundung: Dazu gehen wir an der Bootsanlegestelle vorbei und folgen der Promenade durch den Kurpark bis zur Mesnergasse, in die wir links einbiegen. Am Ende der Gasse geht es rechts in die Lautererstraße, dann für 400 m geradeaus auf der Seestraße, bis der Wanderweg am Seehotel Schlierseerhof wieder zum See führt. Der Wanderweg verläuft nun entlang dem Ufer, aber leider größtenteils direkt neben der Straße bis Fischhausen. Der Rückweg per Schiff ist deswegen die landschaftlich schönere Variante.

WUSSTEN SIE SCHON?

Wer ein Stück Vergangenheit erleben möchte, ist im »Markus Wasmeier Bauernhof- und Wintersportmuseum« in Schliersee gut aufgehoben. Es besteht aus mehreren alten Bauernhöfen, die als eine Art Freilichtmuseum angeordnet sind. Hier wird das Landleben und traditionelles Handwerk präsentiert, wie es einst war. Die Besucher können beim Schnapsbrennen, Brotbacken, Korbmachen, Brauen und vielem mehr zusehen. Adresse: Brunnbichl 5, 83727 Schliersee, in unmittelbarer Nähe des Bahnhofs Fischhausen, geöffnet von 1. April bis Ende Oktober, montags Ruhetag.

Bayerische Voralpen

Schliersbergalm, 1061 m

Über dem Schliersee ★★

Die Schliersbergalm ist an schönen Wochenenden ein viel besuchtes Ausflugsziel, das durch den angegliederten kleinen Freizeitpark und die Sommerrodelbahn auch viele Familien anzieht. Diese Tour führt uns auf ungewöhnlich stillen Wegen hinauf zur Schliersbergalm und zeigt uns die Region von ihrer ruhigen Seite. Der Anstieg erfordert etwas Kondition, denn es geht kontinuierlich bergauf, dafür genießen wir tolle Ausblicke auf die Schlierseer Berge und den See. Später wandern wir ein langes Stück durch den Wald, bis wir schließlich an der Schliersbergalm wieder den See- und Bergblick genießen können. Für den Rückweg gibt es zahlreiche Varianten. Die bequemste ist die Gondelfahrt ins Tal, die rasanteste die Fahrt mit der Sommerrodelbahn, die genüsslichste der Abstieg zu Fuß, der in Serpentinen über den aussichtsreichen Panoramaweg hinabführt.

KURZINFO

Ausgangspunkt: Parkplatz P5 (gebührenpflichtig) an der Schönauer Straße in Schliersee, 794 m.
Anfahrt: Mit dem Auto auf der A 8 bis Ausfahrt Weyarn, weiter nach Miesbach und auf der B 307 nach Schliersee. Am Ortseingang links in die Leitner Straße und gleich wieder links in die Schönauer Straße abbiegen. Kostenpflichtiger Parkplatz bei der Schlierseer Weinstube. (Navi: Schönauer Straße / 83727 Schliersee).
Mit der Bayerischen Oberlandbahn (BOB) stündliche Verbindung von München Hbf. nach Schliersee Bhf. (Fahrzeit 50 Min.). Von dort in ca. 10 Min. bis zum Einstieg der Tour.
Gehzeit: 2.00 Std.
Distanz: 6 km.
Höhenunterschied: 310 m.
Anforderungen: Kurze Tour, auf bequemen Wander- und Waldwegen, die aber trotzdem eine gewisse Grundkondition erfordert, da es bis zur Schliersbergalm ausschließlich bergauf geht.
Rast: Nur vereinzelt Bänke. Erste Einkehrmöglichkeit auf der Schliersbergalm.
Einkehr: Schliersbergalm, 1061 m, ganzjährig geöffnet, Tel. +49 8026 6722, www.schliersbergalm.de. Zahlreiche Einkehrmöglichkeiten in Schliersee.

Kinder: Die hier beschriebene Aufstiegsroute ist nicht kinderwagentauglich. Stattdessen geht man mit dem Kinderwagen über den als Rückweg beschrieben Serpentinenweg zur Schliersbergalm und auf demselben Weg wieder zurück. Allerdings erfordert die Strecke etwas Kondition, denn es geht kontinuierlich bergauf. Auf der Schliersbergalm laden ein großer Spielplatz, ein Trampolin, eine Elektrobahn und ein Bällebecken für die ganz Kleinen zum Spielen und Verweilen ein. Größere Kinder können auf der Sommerrodelbahn ins Tal rauschen, während Kinderwagen und kleinere Geschwister gemütlich mit der Gondel hinunter ins Tal schweben.
Bademöglichkeit: Am Ufer des nur wenige Gehminuten vom Parkplatz entfernten Schliersees.
Variante: Talfahrt mit der Gondelbahn (ganzjährig in Betrieb) oder der Sommerrodelbahn (nur bei trockenem Wetter), 9–22 Uhr, Tel. +49 8026 6723.
Touristeninformation: Gästeinformation Schliersee (siehe Tour 27).

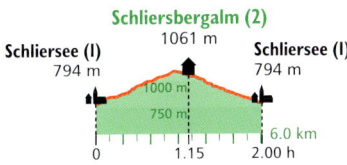

Wir starten in der Schönauer Straße am Parkplatz P5 in **Schliersee (1)** und gehen von dort über die Leitnerstraße in Richtung »Kirche/Talstation Schliersbergbahn«. Bereits nach 300 m zweigen wir nach links auf einen schmalen Fußweg ab. Wir wandern etwa 100 m an einem plätschernden Bächlein entlang und biegen dann nochmals nach links in ein asphaltiertes Sträßchen ein (Panoramaweg). Es geht leicht bergauf und bald können wir zwischen den Bäumen hindurch auf den Schliersee und die Schlierseer Berge sehen. Am nächsten Wegweiser biegen wir nach rechts ab Richtung Bruckweg/Schliersbergalm. Nun geht es etwas steiler bergauf durch den Wald.

Nach insgesamt 30 Min. Gehzeit erreichen wir eine Weggabelung, an der wir nach rechts in Richtung »Bruckweg – Schliersberg – Schliersee« abzweigen. Wer Lust auf eine kleine Pause hat oder einfach die schöne Aussicht genießen möchte, kann vorher noch einen Abstecher von 200 m nach links machen, um das Schlierseepanorama mit der Insel Wörth zu genießen.

Anschließend kehren wir zur Verzweigung zurück und folgen dem Weg bergauf, der nach etwa 100 m nach links in Richtung »Bruckweg/Schliersberg« abzweigt und uns am Waldrand entlangführt. Am Ende des Weges gehen wir nach rechts und wandern ein paar m quer durch den Wald, bis unser Pfad in einen breiteren Wanderweg übergeht, der uns weiter bergauf durch den Wald führt. Etwa 10 Min. später erreichen wir eine kleine unscheinbare Verzweigung, die mit »Oberriß/Schliersee« beschildert ist. Wir halten uns rechts und folgen dem breiten Fahrweg.

Kurz darauf erreichen wir eine **große Weggabelung**, an der sich zwei Wanderwege kreuzen. Wir gehen

WUSSTEN SIE SCHON?

Um die Insel Wörth im Schliersee rankt sich eine alte Legende. Sie erzählt die Geschichte des »Hungerturms«: Ein Ritter von Waldeck soll als Kreuzfahrer in das Gelobte Land gezogen sein. Er vertraute sein Weib der Obhut seines Vogtes an. Dieser entbrannte bald in Liebe zur schönen Waldeckerin und ließ sie glauben, ihr Gemahl sei im Krieg ums Leben gekommen. Der Vogt hielt um die Hand der trauernden Witwe an und wurde von ihr erhört. Als der Graf aus dem Gelobten Land in die Heimat zurückkehrte, traf er sein Weib in den Armen des anderen an. Aus Wut über diesen schändlichen Ehebruch ließ er auf der Insel Wörth, die mitten im Schliersee gegenüber der Burg lag, einen Turm erbauen. Dort ließ er den Vogt sowie seine untreue Gattin einsperren und jämmerlich verhungern. Noch heute nennt man den Platz, wo dieser Turm einst stand »Beim Hungerturm«.

Die Ruine der Burg Hohenwaldeck liegt östlich über dem Südende des Schliersees.

Aussichtsreicher Abstiegsweg mit Schlierseeblick.

nach rechts in Richtung Schliersbergalm und folgen dem Forstweg, bis etwa 10 Min. später der Weg zur Schliersbergalm nach rechts abzweigt. Wir folgen diesem – zum ersten Mal leicht bergab – und erreichen 5 Min. später die Schliersbergalm (2). Hier empfängt uns – neben dem Trubel – ein herrlicher Blick auf den Schliersee und das dahinter aufragende Mangfallgebirge. Aiplspitz, Jägerkamp, Brecherspitz und Bodenschneid thronen direkt vor unseren Augen. Und genau deswegen lohnt sich der Ausflug hierher.

Den Rückweg können wir nach Belieben gestalten. Die zwei schnellsten Varianten sind, mit der Gondel oder der Sommerrodelbahn ins Tal zu fahren. Das schöne Panorama bleibt uns jedoch am längsten erhalten, wenn wir den Rückweg zu Fuß bestreiten. Dazu gehen wir zum Minigolfplatz, der sich am östlichen Ende der Schliersbergalm befindet. Dort zweigen wir an der Weggabelung nach rechts ab. Der Fußweg 673a führt uns in Serpentinen bergab. Dabei haben wir fast auf der gesamten Strecke den See, die Insel Wörth und die Schlierseer Berge im Blick.

Nach ungefähr 30 Min. kommen wir in ein Wohngebiet und gehen nun entlang der geteerten Straße immer abwärts bis zur Talstation der Schliersbergbahn. Über den Dekan-Meier-Weg und die Leitnerstraße gelangen wir zurück zu unserem Parkplatz in der Schönauerstraße von Schliersee (1).

Bayerische Voralpen

29 Im Leitzachtal

Zu Füßen von Breitenstein und Schwarzenberg ★★

Diese lange, aber sehr abwechslungsreiche Tour beginnt in Elbach im Leitzachtal zu Füßen von Breitenstein und Schwarzenberg. Zunächst wandern wir mit Blick auf die Nordseite der Schlierseer Berge über sonnige, flache Wiesen und an der Leitzach entlang. Danach kommen wir durch den Ort Fischbachau und steigen über den Salmerhof nach Birkenstein auf. Der Weiterweg führt uns am Marbacher Berg entlang, von wo aus wir auf das Mangfallgebirge und hinab ins Leitzachtal sehen. Unterwegs können wir auf der Schwaigeralm oder im bekannten Winklstüberl einkehren. Das Besondere an dieser Wanderung: Wir haben zu jeder Zeit einen herrlichen Blick ins Gebirge und an den besonders aussichtsreichen Punkten steht meist eine Bank bereit, von der aus man das Panorama bei einer Rast genießen kann.

KURZINFO

Ausgangspunkt: Parkplatz an der Pfarrkirche St. Andreas in Elbach, 791 m.
Anfahrt: Mit dem Auto von München auf der A 8 bis Ausfahrt Weyarn und weiter nach Miesbach. Dort Richtung Fischbachau und über Hundham und Dürnbach nach Elbach (Navi: Kirchstraße / 83730 Elbach).
Mit der Bayerischen Oberlandbahn (BOB) von München Hbf. nach Miesbach Bhf. (40 Min. Fahrzeit) weiter mit dem Oberbayernbus 9552 bis zur Haltestelle »Elbach-Fischbachau« (Fahrzeit ca. 25 Min.).
Gehzeit: 3.45 Std.
Distanz: 11,2 km.
Höhenunterschied: 180 m.
Anforderungen: Einfache, aber lange Wanderung auf gepflegten Wanderwegen und Wiesenpfaden. Im ersten Teilstück verläuft sie auf flachen Wegen im Tal. Ab Fischbachau bis kurz vor der Schwaigeralm geht es kontinuierlich bergauf. Große Teile der Route sind der Sonne ausgesetzt. Im Sommer ausreichend Getränke mitnehmen.
Rast: Bis Fischbachau keine Einkehrmöglichkeit. Aber besonders im zweiten Teil der Wanderung gibt es unterwegs viele Ruhebänke an aussichtsreichen Plätzen.

Einkehr: Schwaigeralm, Tel. 08028/ 9026467, 10–16 Uhr, Montag und Dienstag Ruhetag, www.schwaigeralm-online.de. Café Winklstüberl, kein Ruhetag, Leitzachtalstr. 68, 83730 Fischbachau, Tel. +49 8028 742, www.winklstueberl.de. Weitere Einkehrmöglichkeiten in Fischbachau und Elbach.
Kinder: Mit Kindern bietet es sich an, diese Tour abzukürzen, indem man an der Wallfahrtskirche in Birkenstein parkt und von dort zur Schwaigeralm und zurück läuft. Die Wege schlängeln sich auf diesem Abschnitt am Hang entlang und bieten am meisten Abwechslung. An der Schwaigeralm gibt es viele Tiere zu bestaunen und ausreichend Platz zum Spielen. Die Gehzeit beträgt hin und zurück jeweils 30 Min.
Variante: In Fischbachau gibt es die Möglichkeit, die Wanderung abzubrechen und mit dem Bus nach Elbach zurückzukehren. Die Gehzeit verkürzt sich so auf 2.00 Std.
Touristeninformation: Kirchplatz 10, 83730 Fischbachau, Tel. +49 8028 876, www.fischbachau.de.

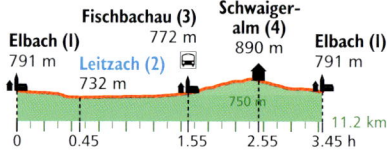

102

Blick auf Elbach und das Mangfallgebirge.

Wir starten am Parkplatz hinter der Kirche in Elbach (1). Zwischen der Freiwilligen Feuerwehr zu unserer Linken und der nostalgischen Bäckerei zu unserer Rechten gehen wir entlang der Kirchstraße in Richtung Westen und haben bald einen wunderschönen Blick auf das Mangfallgebirge. Nach 350 m biegen wir an einem Marterl nach rechts in Richtung »Endstall / Oberachau / Gschwend«. Wir kommen am Weiler Endstall vorbei und wandern anschließend auf einem unbeschilderten Landwirtschaftsweg durch Felder und Weiden und dann durch den Wald. Wir ignorieren alle Abzweigungen, bis wir nach 30 bis 40 Min. an einer T-Kreuzung auf den nächsten Wanderwegweiser treffen. Hier biegen wir nach links in Richtung Mühlkreit, Faistenau und Fischbachau (»W2a«) ab. Etwa 400 m nach der Kreuzung lichtet sich der Wald und wir sehen linker Hand den Wendelstein.

Gleichzeitig erreichen wir die Leitzach (2) und überqueren diese auf einer Holzbrücke. Auf der anderen Flussseite wenden wir uns nach links

WUSSTEN SIE SCHON?

Oberhalb von Fischbachau, in Birkenstein, liegt die Wallfahrtskapelle Maria Himmelfahrt. Sie wurde 1710 erbaut und ist eine Nachbildung des »Heiligen Hauses« von Nazareth. Ursprünglich in barockem Stil erbaut, bekam sie nach einem Brand im Jahr 1735 eine prachtvolle neue Ausstattung im Rokoko-Stil. Die Gnadenkapelle im Obergeschoß glänzt in goldenem Reichtum. Inmitten des Hochaltars befindet sich das Bild Marias mit dem Jesuskind, umgeben von stattlichen 92 Engeln. Die Seitenwände des Altarraums sind mit Bildern der zwölf Apostel und Büsten von Marias Verwandten geschmückt. Alle übrigen Wandflächen sind mit Votivtafeln verziert, die von den Menschen erzählen, die seit über 300 Jahren hier um Hilfe gebeten haben.

An der Leitzach bei Fischbachau.

und folgen weiter dem Weg »W2a«. Nun geht es auf einem Wiesenweg zwischen weidenden Kühen hindurch, während neben uns die Leitzach plätschert und wir einen wunderschönen Blick auf Bodenschneid, Stümpfling, Brecherspitz, Jägerkamp, Aiplspitz, Miesing, Hohe Platte, Großer Traithen, Wendelstein, Breitenstein und zahlreiche andere Gipfel haben. Diese Aussicht begleitet uns fast auf der gesamten Strecke bis Fischbachau. Viele Bänke laden zum Rasten und Genießen des Bergpanoramas ein.

Nachdem wir etwa 30 Min. an der Leitzach entlanggewandert sind, stoßen wir auf eine Brücke und einen breiten Fahrweg. Wir überqueren den Fahrweg und halten uns geradeaus, auf dem schmalen Uferweg nach Lehenpoint, der direkt am Wasser entlangführt. Nach weiteren 30 Min. kreuzt die asphaltierte Lehenpointstraße unseren Pfad. Wir biegen nach links auf diese ein und wandern über die Brücke in Richtung Fischbachau. Dabei blicken wir auf Wendelstein und Breitenstein. Etwa 15 Min. später erreichen wir die Hauptstraße von **Fischbachau (3)**. Wir wenden uns nach links und folgen ihr etwa 200 m bis zur Ampel. Dort zweigen wir nach rechts in die Birkensteinstraße – und wenige Meter später nach links in den Salmerweg.

An der Kapelle folgen wir dem »Fußweg über **Salmerhof** nach Birkenstein H1«, der uns in knapp 10 Min. zum Salmerhof hinaufführt. Vor dem ersten Haus des Hofes machen wir eine scharfe Rechtskurve und verlassen die geteerte Straße. Wir folgen dem Pfad in Richtung »Birkenstein H1«, der uns an einer Ruhebank und einem Marterl vorbeiführt und mit Blick auf den Breitenstein, das Mangfallgebirge und Fischbachau über die Wiese leitet. Am nächsten Hof wandern wir zuerst auf der geteerten Straße abwärts und dann gleich wieder aufwärts (»Birkenstein H1«). Am Waldrand kommen wir am nächsten Marterl vorbei und stoßen anschließend auf die Abzweigung zur Wallfahrtskirche Birkenstein. Für einen Abstecher zur Kirche muss man etwa 15 Min. Gehzeit einplanen.

Um die Wanderung ohne Umweg fortzusetzen, folgen wir der Beschilderung »W1 Schwaigeralm – Elbach« nach links. Der Weg führt nun den Marbacher Berg hinauf und zwischen weidenden Kühen hindurch, während wir eine herrliche Aussicht auf das Leitzachtal und ins Gebirge haben.

Nach dem Anstieg folgen wir dem Wegweiser »Schwaigeralm – Elbach W1« in den Wald hinein und erreichen 400 m danach den Gasthof Schwaigeralm (4). Auch zum bekannten Café Winklstüberl ist es nicht mehr weit. Dazu folgt man dem breiten Schotterweg weitere 200 m bergab, bis ein beschilderter Pfad nach links abzweigt, der über die Wiese in wenigen Minuten zum Winklstüberl hinabführt.

Um die Wanderung auf direktem Weg fortzusetzen, bleiben wir auf dem Schotterweg und zweigen erst 10 Min. später nach rechts in Richtung »Durham, Elbach, Hundham, Hocheck W1« ab. Gleich nach der Kreuzung biegen wir nochmals nach links ab und folgen der Beschilderung »W1«. Nun geht es quer über eine Viehweide in nördlicher Richtung, bis wir den Bucherhof erreichen. Hier halten wir uns links und folgen dem Bucherweg bis zur Jenbachstraße, auf der wir bis nach Elbach (1) hinabwandern. Dort treffen wir direkt auf die Kirche und unseren Parkplatz.

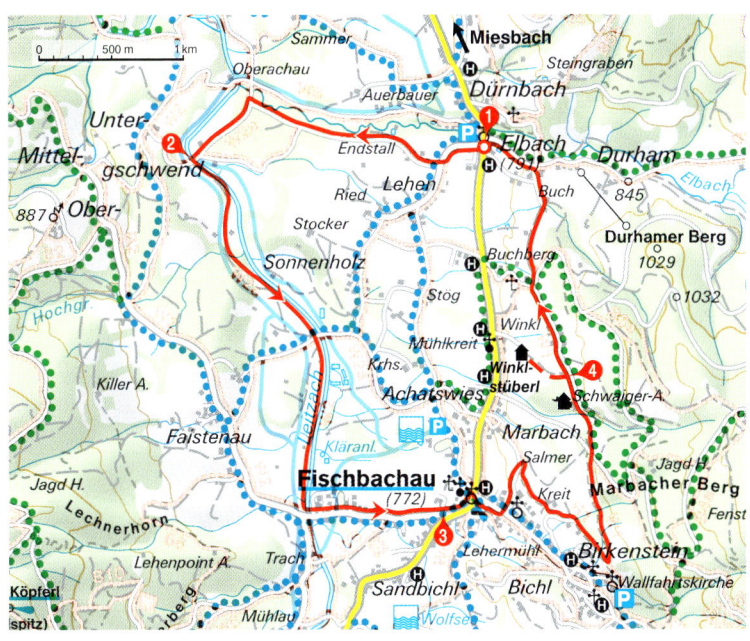

Bayerische Voralpen

30 ▶ Am Fuße des Wendelsteins

Von Bayrischzell zum Siglhof ★★

Am Fuße des Wendelsteins, auf dem sonnigen Plateau von Hochkreut, liegt der Siglhof. Der hübsche Bergbauernhof lockt mit einem herrlichen Panorama und bewirtet in den Sommermonaten Wanderer mit kleinen Speisen. Von seiner Terrasse blickt man über weite Almwiesen auf das Sudelfeld, den Großen und Kleinen Traithen, den Seeberg, die Ruchenköpfe, den Taubenstein, den Jägerkamp und den Aiplspitz. Der Weg dorthin ist kurzweilig. Er führt fast eben am Wandrand entlang von Bayrischzell nach Osterhofen und dann mit Blick ins Gebirge hinauf nach Hochkreut. Der Abstieg erfolgt auf einem Pfad über Wiesen und durch lichten Wald.

KURZINFO

Ausgangspunkt: Parkplatz am Bahnhof in Bayrischzell, 806 m.
Anfahrt: Mit dem Auto von München auf der A 8 bis Ausfahrt Weyarn. Weiter auf der B 307 über Miesbach und Schliersee nach Bayrischzell (Navi: Bahnhofstraße / 83735 Bayrischzell).
Mit der Bayerischen Oberlandbahn (BOB) im Stundentakt von München Hbf. bis Bayrischzell Bhf. (Fahrzeit 1.20 Std.).
Gehzeit: 2.15 Std.
Distanz: 6,7 km.
Höhenunterschied: 190 m.
Anforderungen: Bis nach Osterhofen auf befestigten Wanderwegen in flachem Gelände ohne größere Steigung, dann kontinuierlicher Anstieg bis zum Siglhof auf asphaltierten Wegen. Der Abstieg erfolgt überwiegend auf Wanderpfaden über Wiesen und durch den Wald.
Rast: Immer wieder Bänke am Wegrand. Erste Einkehrmöglichkeit am Siglhof.
Einkehr: Bergcafé Siglhof, geöffnet von Mai bis Oktober, Montag Ruhetag, Tel. +49 8023 679, www.siglhof.com. Weitere Einkehrmöglichkeiten in Bayrischzell.
Kinder: Schöner Spielplatz am Siglhof mit Schaukel, Rutsche, Traktor und einer alten Gondel. Mit dem Kinderwagen geht man auf dem Hinweg auch zurück.
Touristeninformation: Kirchplatz 2, 83735 Bayrischzell, Tel. +49 8023 648, www.bayrischzell.de.

Wir starten am Bahnhof in Bayrischzell (1) und gehen an der Ostseite des Bahnhofgebäudes über die stillgelegten Bahngleise. Anschließend überqueren wir einen Schotterplatz und biegen nach links auf ein asphaltiertes Sträßchen. Wenige Minuten später stoßen wir auf den Wanderwegweiser »K5 nach Osterhofen«. Wir folgen diesem bis zum Haus Bruni, wo die asphaltierte Straße endet. Nun überqueren wir einen Hof und wandern in den Wald hinein.
Nach 50 m biegen wir nach links Richtung »K5 nach Osterhofen« ab. (Nach rechts zweigt der Weg »T2« ab, der ebenfalls nach Osterhofen führt.) Die Variante »K5« führt uns aus dem Wald hinaus, am Rand einer Siedlung entlang bis zur Bahnlinie. Wir bleiben rechts der Gleise (»K5«) und wandern in leichtem Auf und Ab in Richtung Osterhofen (2). Hinter uns können wir bald den

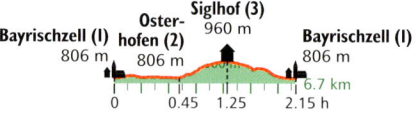

Blick von Hochkreut auf das Mangfallgebirge.

Großen Traithen und den Seeberg sehen.

Etwa 50 Min. nachdem wir den Bahnhof in Bayrischzell verlassen haben, erreichen wir eine T-Kreuzung. Wir biegen nach rechts auf die Osterhofener Straße (»T1«) ein, die uns an zwei urigen, blumengeschmückten Höfen vorbeiführt. Die asphaltierte Straße zieht sich in vielen Kehren den Berg hinauf und bald haben wir einen sehr schönen Blick auf das Leitzachtal. Im Süden erhebt sich das Mangfallgebirge, im Norden der Wendelstein.

Nach etwa 30 Min. erreichen wir das sonnige Hochplateau von Hochkreut. Zuerst kommen wir an dem blumengeschmückten Huberhof vorbei und 300 m später sind wir am Siglhof (3). Der gemütliche Bergbauernhof lädt mit seinem wunderschönen Ausblick auf den Wendelstein, die geschwungenen Wiesenflächen des Sudelfelds, den Großen und Kleinen Traithen, den Seeberg, die Ruchenköpfe und die Schlierseer Berge zur Einkehr ein.

Der Abstiegsweg führt uns unterhalb des Siglhofs in östlicher Rich-

Der Siglhof auf dem Hochplateau von Hochkreut.

tung über die Almwiesen. Bereits nach 100 m zweigen wir an der ersten Weggabelung (unbeschildert) nach rechts ab. Wir folgen dem Pfad bergab, der uns über eine Wiese bis zu einem Marterl leitet und dann in den Wald führt. Am Wegweiser »Bayrischzell über Grüne Gumpe« biegen wir nach links. Das Gefälle nimmt zu und der Wald lichtet sich, während sich der kleine Steig zwischen Wiesen und Bäumen hindurchschlängelt. Bald erreichen wir den Wendelsteinbach, den wir auf einer schmalen Holzbrücke überqueren. Den Wegweiser nach »Bayrischzell über Aussichtsbank« lassen wir unbeachtet. Nun geht es auf einem breiten Schotterweg 100 m steil bergauf. Nach der Anhöhe gabelt sich der Weg. Wir bleiben auf dem breiten Hauptweg. Dieser führt uns geradeaus, unterhalb der Alpenstraße entlang. Wir durchqueren bald ein Weidegatter und kommen in den Wald. An der nächsten Verzweigung treffen wir auf den Nordic-Walking-Trail und folgen diesem bergab. Wenige Minuten später lichtet sich der Wald und wir erreichen die ersten Häuser von Bayrischzell (1). Wir wandern über die Wendelsteinstraße zur Kneippanlage am Bergfeld und kommen nach insgesamt 40 Min. (ab Siglhof) an die Schönbornkapelle. Dort biegen wir nach rechts und folgen dem Fußweg entlang dem Gangelbach (Von Schönbornweg), bis wir die Kuranlage im Ortszentrum von Bayrischzell erreichen. Wir biegen nach rechts und gehen auf der Tiroler Straße in Richtung Bahnhof. Am Gasthof Alpenrose biegen wir ein letztes Mal nach rechts ab und erreichen kurz darauf den Bahnhof.

Bayerische Voralpen

Thierberg, 721 m

Vom Hechtsee zur Thierbergkapelle ★

Der Hechtsee liegt oberhalb von Kiefersfelden und gehört bereits zu Tirol. Im Sommer ist er ein beliebter Badesee, im Frühjahr und Herbst ein herrliches Ausflugsziel für Wanderer und Spaziergänger. Ein abwechslungsreicher, fast ebener Pfad führt uns am Ufer entlang. Obwohl der Weg überwiegend im Wald verläuft, haben wir stets einen schönen Blick auf den See vor der Kulisse des Wilden Kaisers und des Brünnsteins. Landschaftlich völlig unterschiedlich – aber ebenso aussichtsreich – ist der zweite Teil der Wanderung. Er führt uns auf den 721 m hohen Thierberg, auf dessen Spitze die Thierbergkapelle thront. Der kurze, aber sehr steile Aufstieg lohnt sich, denn von oben genießt man einen weiten Blick über das Inntal, die Zillertaler Alpen und das Kaisergebirge.

KURZINFO

Talort: Kiefersfelden, 492 m.
Ausgangspunkt: Parkplatz an der Badeanstalt am Hechtsee, 563 m.
Anfahrt: Mit dem Auto auf der A 8 München – Salzburg bis zum Inntaldreieck, weiter auf der A 93 Richtung Innsbruck bis zur Ausfahrt Kiefersfelden. Durch den Ort hindurch. Am Ortsausgang nach der ehemaligen Österreichischen Grenze scharf rechts den Berg hinauf zum Hechtsee (Navi: Hechtsee 8a / A-6330 Kufstein).
Gehzeit: 2.00 Std.
Distanz: 6,2 km.
Höhenunterschied: 200 m.
Anforderungen: Der überwiegende Teil der Rundwanderung führt auf bequemen Wald- und Wanderwegen in leichtem Auf und Ab am See entlang und durch den Wald. Die letzten 10 Min. bis zur Thierbergkapelle sowie die ersten 10 Min. danach sind jedoch sehr steil! Vorsicht, bei Nässe Rutschgefahr!
Rast: Einkehrmöglichkeit nur am Ausgangspunkt. Unterwegs viele Bänke.
Einkehr: Restaurant Hechtsee, ganzjährig geöffnet, kein Ruhetag, Hechtsee 8a, A-6330 Kufstein, Tel. +43 5372 64516, www.hechtsee.at.
Kinder: Die Wanderung rund um den See ist für Kinder eine schöne Strecke, weil man unterwegs immer wieder am Wasser spielen und kleine Exkursionen auf Seitenpfaden unternehmen kann. Außerdem gibt es am Südostufer ein Strandbad und einen Ruderboot-Verleih. Der Weg zur Thierbergkapelle ist ebenfalls für Kinder, aber nicht für den Kinderwagen geeignet.
Bademöglichkeit: Strandbad am südöstlichen Ufer des Hechtsees.
Winter: Der Wanderweg rund um den Hechtsee ist im Winter geräumt.
Variante: Wer eine Wanderung ganz ohne Steigungen bevorzugt, kann auch nur den Hechtsee umrunden (Gehzeit ca. 45 Min.).
Touristeninformation: Tourismusverband Ferienland Kufstein, Unterer Stadtplatz 8, A-6330 Kufstein, Tel. +43 5372 62207, www.kufstein.com.

Wir parken auf dem Parkplatz am Strandbad **Hechtsee (1)** und folgen dem »Seerundweg«. Dieser führt uns zuerst an der Badeanstalt und dann am Ostufer des Hechtsees entlang, wo auf großen Felsbrocken bizarre Bäume wachsen. Nach etwa 15 Min. überqueren wir eine Holzbrücke und gleichzeitig eröffnet sich gegen Süden der Blick auf die ge-

Bayerische Voralpen

zackten Felsen des Wilden Kaisers. Nach weiteren 15 Min. stoßen wir auf einen Wegweiser zum Längsee. Hier verlassen wir das Ufer und gehen nach rechts, am Lauf des **Hechtbachs** entlang. Wir wandern im Schutz der Bäume bergauf und treffen bald auf eine breite Forststraße, der wir bis zur nächsten Kreuzung folgen. Dort halten wir uns rechts in Richtung Kiefersfelden. Nachdem wir um die Kurve gebogen sind, streifen wir auf der linken Seite kurz den **Längsee (2)**, dann führt uns der Weg weiter in Richtung Osten. 10 Min. später kommen wir an eine Schranke. Wir treten nach links aus dem Wald hinaus und gehen wenige Meter entlang der Autostraße. Dann biegen wir nochmals nach links, überqueren den Parkplatz und folgen dem Wegweiser zur Thierbergkapelle in den Wald hinein.

Wir wandern auf einer asphaltierten Straße zunächst bergab und bald wieder bergauf bis zur Einfahrt des

WUSSTEN SIE SCHON?

Man erzählt, dass einst die Nixe Hechta im dunkelgrünen Wasser des Hechtsees hauste. Sie konnte die Gestalt eines hübschen Mädchens annehmen und aus den Fluten heraus an Land steigen. Als sie am Ufer des Sees spazierte, traf sie den jungen Jäger Friedl. Sie fanden Gefallen aneinander und trafen sich von nun an regelmäßig. Hechta sagte dem jungen Mann, dass ihre Liebe zerbrechen würde, wenn er sie jemals drängen würde, ihren Namen preiszugeben oder ihren Namen anderweitig herausfinden würde. Es blieb nicht aus, dass die Leute im Dorf von der Nixe erzählten und der Jägersmann schließlich nach dem Namen des Mädchens fragte. Als er seine Liebste das nächste Mal droben am Hechtsee traf und sie sich in den Armen lagen, da nannte er sie zärtlich bei ihrem Namen. Augenblicklich rollte eine riesige Welle über den See und riss die beiden in die Tiefen des Wassers. Hechta verlor ihre Liebe, Friedl sein Leben.

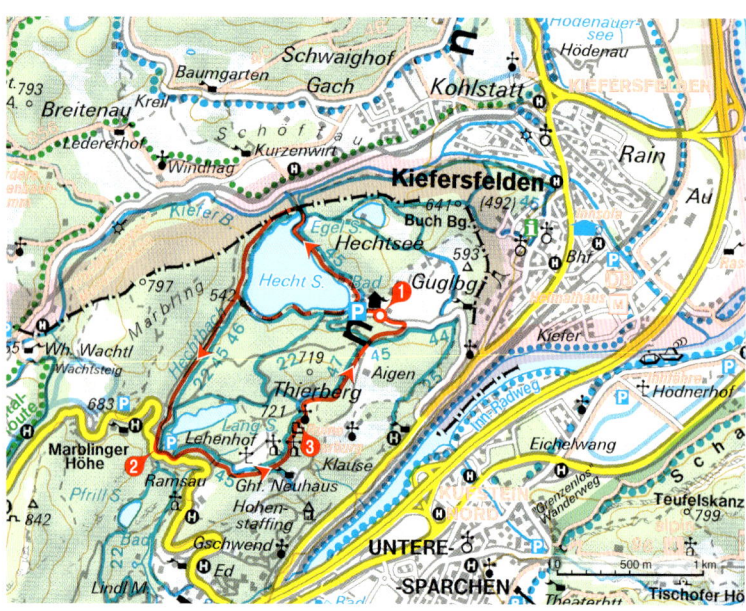

Der Wanderweg um den Hechtsee verläuft direkt am Ufer.

Lehenhofs. Dort verlassen wir die Straße in Richtung Thierbergkapelle. Der Wald lichtet sich kurzzeitig, zu unserer Rechten sehen wir den Wilden Kaiser und zur Linken den Turm der Thierbergkapelle. Wir halten uns links und gehen über die Lichtung wieder in den Wald hinein. Der Pfad schlängelt sich bald in vielen Serpentinen steil den Berg hinauf. Die Bänke am Wegrand sind eine willkommene Gelegenheit, um eine kleine Pause einzulegen und kräftig durchzuatmen – bevor wir nach dem 15-minütigen Anstieg die Spitze des **Thierbergs (3)** mit der in den Stein gehauenen Kapelle erreichen. Vom kleinen Kräutergarten aus haben wir einen tollen Blick auf den Pendling, die Zillertaler Alpen und das Kaisergebirge sowie auf Kiefersfelden.

Für den Rückweg nehmen wir den Pfad, der unterhalb des Eingangstors zur Kapelle nach rechts abzweigt und uns steil abwärts durch den Wald führt. Wenige Minuten später stoßen wir auf eine Schotterstraße und folgen dieser nach rechts zum Waldrand. Auf dem Weg dorthin sehen wir die Thierbergkapelle nochmals von unten. Dann führt der Weg in den Wald und schlängelt sich in Richtung Hechtsee hinab. Nach etwa 20 Min. erreichen wir eine 300 m lange, steile Passage. Hier ist besonders im Herbst Vorsicht geboten. Wenn das Laub bereits herabgefallen ist, kann es sehr rutschig werden. Wenige Minuten später treffen wir auf die asphaltierte Zufahrtsstraße zum Hechtsee. Wir biegen nach links und sind 300 m später zurück am **Hechtsee (1)**.

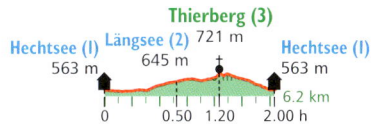

Chiemgauer Alpen

32 ▶ Daffnerwaldalm, 1050 m

Vom Duftbräu an den Fuß des Heubergs ★

Am Fuße des Heubergs, eingebettet in die Hügellandschaft um den Samerberg, liegt auf 1050 m Höhe die Daffnerwaldalm. Vom Gasthaus Duftbräu erreichen wir die Alm in einer guten Stunde Gehzeit. Zunächst wandern wir auf einem sehr schönen Waldweg am Fluderbach entlang und später auf einem steilen und abschnittsweise felsigen Steig bis zur Hochebene der Daffnerwaldalmen. Zwei der fünf Hütten sind für Wanderer bewirtschaftet und bei schönem Wetter hat man von dort eine großartige Aussicht auf Feichteck, Spitzstein und Pasterkopf sowie den Chiemgau, eingerahmt von weitläufigen Almwiesen und weidendem Vieh.

KURZINFO

Talort: Grainbach am Samerberg, 684 m.
Ausgangspunkt: Parkplatz beim Gasthaus Duftbräu, 800 m. Parkmöglichkeit auch am Wanderparkplatz »Schweibern/ Pöppl«.
Anfahrt: Mit dem Auto von München auf der A 8 bis Ausfahrt Achenmühle. Im Ort rechts in Richtung Törwang und weiter bis Grainbach. In Grainbach der Beschilderung zum Gasthaus Duftbräu folgen (Navi: Duft 1 / 83122 Samerberg).
Gehzeit: 1.50 Std.
Distanz: 5,8 km.
Höhenunterschied: 280 m.
Anforderungen: Auf dem Hinweg ausschließlich bergauf mit zwei längeren, steilen Teilstücken sowie einer felsigen Passage (ca. 200 m). Der Rückweg verläuft auf einem bequemen Forstweg. Nach Regen empfiehlt es sich, den breiten und einfach zu gehenden Forstweg für beide Strecken zu wählen.
Rast: Unterwegs nur wenig Rastmöglichkeiten.
Einkehr: Berggasthof Duftbräu, 800 m, Montag und Dienstag Ruhetag, ganzjährig geöffnet, Duft 1, 83122 Samerberg, Tel. +49 8032 8226, www.duftbraeu.de.
Laglerhütte, 1050 m, ganzjährig geöffnet, von Mitte Mai bis Mitte September Montag Ruhetag, im Winter von Donnerstag bis Sonntag und an Feiertagen geöffnet, Tel. +49 8032 8737 (Hof).
Deindlalm, 1050 m, ganzjährig geöffnet, von Mai bis Oktober täglich, ab Ende Oktober bis Anfang Mai montags Ruhetag, Tel. +49 8034 2217 (Hof), Tel. +49 171 4215310 (Alm), www.deindlalm.de.
Kinder: Die Wanderung ist für Kinder gut geeignet. Am Fluderbach sorgt das Wasser für Kurzweil, unterwegs gibt es viele Möglichkeiten, die Umgebung abseits des Wegs gefahrlos zu erkunden, und oben auf der Alm sorgt ein Brunnen und weidendes Vieh für Unterhaltung. Mit dem Kinderwagen geht man beide Strecken auf dem hier beschriebenen Rückweg über Schweibern (Forstweg). Der Weg über den Fluderbach ist nicht kinderwagengeeignet.
Touristeninformation: Verkehrsverein Samerberg, Dorfplatz 3, 83122 Samerberg/Törwang, Tel. +49 8032 989418, www.samerberg.de.

Letzter Anstieg vor der Hochebene der Daffnerwaldalm.

Wir starten an der Brücke unterhalb des Gasthauses Duftbräu (1). Hier beginnt der mit »Heuberg« beschilderte Aufstiegsweg. Ein schattiger, gepflegter Wanderweg führt uns mit leichter Steigung entlang dem rauschenden Fluderbach durch den Wald. Nach etwa 15 Min. kommen wir an eine Lichtung mit einer kleinen Brücke. Wir lassen die Brücke links liegen, und wenden uns vom Fluderbach ab, nach rechts. Nun wandern wir über eine Wiese zum Waldrand. Im Schutz der Bäume geht es anschließend etwas steiler bergauf, bis eine Schotterstraße unseren Weg kreuzt. Wir überqueren diese und folgen dem Wegweiser zu den Daffnerwaldalmen. Wir wandern ein kurzes Stück bergab und bald darauf wieder bergauf und folgen dabei dem Wegweiser »40/41«. Nach 45 Min. wird das Gelände sehr steil und schwierig und wir müssen rund 200 m über grobes Gestein steigen. Hier ist besonders bei Nässe und im Herbst Vorsicht geboten. Wenn bereits Laub auf dem Boden liegt und man die Unebenheiten und Steine nicht mehr sieht, besteht die Gefahr, umzuknicken oder auszurutschen.

Nachdem wir den felsigen Anstieg gemeistert haben, geht es auf einem mit Wurzeln bewachsenen Steig weitere 100 m steil bergauf. Anschließend führt uns ein Durchstieg über den Weidezaun aus dem Wald heraus. Vor uns liegen die Almwiesen der Daffnerwaldalm. Wir werden von Glockengeläut empfangen – denn hier weiden in den Sommermonaten etwa 80 Kühe und Rinder. Nun wandern wir noch

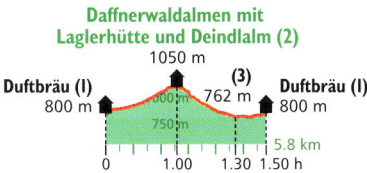

Blick von der Daffnerwaldalm auf den Pasterkopf.

knapp 15 Min. über die Almwiesen bergauf, bis wir endgültig die Hochfläche erreichen. Vor uns ragt der markant gezackte Höhenzug des Heubergs empor. Beim Blick nach Osten genießen wir die Aussicht auf Feichteck, Spitzstein und Pasterkopf, nach Norden sehen wir den Chiemgau und den Simsee. Bei der Einkehr in der für Wanderer bewirtschafteten Laglerhütte (2) oder in der Deindlalm (2) haben wir die schöne Kulisse stets im Blick.

Auf dem Rückweg lassen wir die Almen linker Hand liegen und folgen der geteerten Zufahrtsstraße in nördlicher Richtung abwärts in den Wald. Nach wenigen Metern kommt linker Hand eine Bank. Dort machen wir eine scharfe Rechtskurve und biegen auf den Wanderweg Nr. 40 Richtung Schweibern ab. Der Schotterweg führt uns abwärts durch den Wald zum Wanderparkplatz Schweibern (3), den wir etwa 30 Min. nach unserem Aufbruch von der Daffnerwaldalm erreichen. Wir überqueren den Parkplatz, halten uns danach links und folgen der asphaltierten Straße in Richtung Duftbräu. Etwa 300 Meter nach dem Wanderparkplatz treffen wir auf die nächste Kreuzung, an der wir nach rechts abzweigen, und weitere 600 Meter später haben wir unseren Ausgangspunkt am Gasthaus Duftbräu (1) wieder erreicht.

WUSSTEN SIE SCHON?

Die Daffnerwaldalm liegt in der Region Samerberg. Im Mittelalter lebten hier die sogenannten Samer, die auf ihren Packpferden Salz und Getreide über die Alpen nach Italien transportierten. Aus dem Süden brachten sie Wein und andere Waren nach Bayern zurück. Auch der Handel mit Seide, Samt, Reis, Brokat, Wolle, Käse und Öl war eine wichtige Einnahmequelle. Noch heute findet man in den Alpen eine Vielzahl von Berggasthöfen, die einst als Stationen zum Wechseln der Saumtiere sowie als Unterkünfte bei schlechtem Wetter dienten.

Chiemgauer Alpen

Almwanderung unter der Kampenwand

Zur Steinling- und Schlechtenbergalm ★★

Ob als beschaulicher, einstündiger Spaziergang oder als zweistündige Wanderung mit mehreren Steigungen und Gefällen – diese Tour bietet ein grandioses Panorama. Von der Bergstation der Kampenwandbahn geht es auf einem aussichtsreichen Höhenweg bis zur Steinlingalm, die am Fuße des gezackten Felsgrats der Kampenwand liegt. Während in Gipfelnähe die schroffen Felsformationen der Kampenwand das Landschaftsbild prägen, eröffnet der anschließende Abstieg zur Schlechtenbergalm herrliche Ausblicke auf die umliegenden Almen, den Chiemsee und das Voralpenland.

KURZINFO

Talort: Aschau im Chiemgau, 615 m.
Ausgangspunkt: Parkplatz an der Talstation der Kampenwandbahn in Hohenaschau (615 m, gebührenpflichtig).
Anfahrt: Mit dem Auto auf der Autobahn A 8 München – Salzburg bis Ausfahrt Frasdorf/Aschau. Weiter auf der Bundesstraße über Aschau nach Hohenaschau. Der Beschilderung zur Kampenwandbahn folgen (Navi: An der Bergbahn 8 / 83229 Aschau im Chiemgau). Mit Bahn von München Hbf. über Prien (im Chiemgau) nach Aschau (Fahrzeit ca. 1.20 Std.). Weiter mit dem Bus oder zu Fuß (1,5 km) bis zur Talstation der Kampenwandbahn.
Kampenwandbahn: Dezember bis April 9–16.30 Uhr, Mai bis November 9–17 Uhr, Juli bis Mitte September bis 18 Uhr, Tel. +49 8052 4411, www.kampenwand.de.
Gehzeit: 1.45 Std.
Distanz: 4,5 km.
Höhenunterschied: 240 m.
Anforderungen: Von der Bergstation bis zur Steinlingalm auf einfachem Panoramaweg mit nur einer Steigung. Nach der Steinlingalm stärkeres Gefälle zur Schlechtenbergalm hinunter. Im Anschluss folgt schließlich ein langer, steiler und steiniger Anstieg von knapp 200 Hm zur Bergstation der Kampenwandbahn.
Rast: Unterwegs immer wieder Einkehrmöglichkeiten. Auf dem Panoramaweg zur Steinlingalm viele Bänke zum Rasten, im weiteren Verlauf kaum Bänke.
Einkehr: Sonnenalm, 1470 m, ganzjährig geöffnet, Ruhezeit November, Tel. +49 8052 4411, www.kampenwand.de. Steinlingalm, 1467 m, geöffnet von Mai bis Ende Oktober, montags Ruhetag, sowie von Ende Dezember bis Ende März, in dieser Zeit montags, dienstags und mittwochs Ruhetag, Tel. +49 8052 2962, www.steinlingalm.de. Schlechtenbergalm, 1280 m, geöffnet von Mai bis Oktober, Tel. +49 151 14101695, www.schlechtenbergalm.de. Möslarnalm, 1450 m, geöffnet von Mai bis Oktober, Tel. +49 173 8749717, www.moeslarnalm.de.
Kinder: Die Fahrt mit den bunten Vierer-Gondeln sorgt gleich zu Beginn für Unterhaltung, die Gehzeit ist überschaubar und unterwegs gibt es genügend Einkehrmöglichkeiten. Auf der Steinlingalm können größere Kinder auf den Felsblöcken klettern, auf der Schlechtenbergalm gibt es Kühe und unterwegs immer wieder Pfade für kleinere Erkundungstouren.
Winter: Der Weg von der Bergstation bis zur Steinlingalm ist je nach Schneelage geräumt (Auskunft bei der Steinlingalm).
Variante: Verkürzter Spaziergang auf dem Panoramaweg von der Bergstation zur Steinlingalm und zurück (1 Std.).
Touristeninformation: Touristeninformation Aschau i.Ch., Kampenwandstraße 38, 83229 Aschau i.Ch., Tel. +49 8052 90490, www.aschau.de.

Chiemgauer Alpen

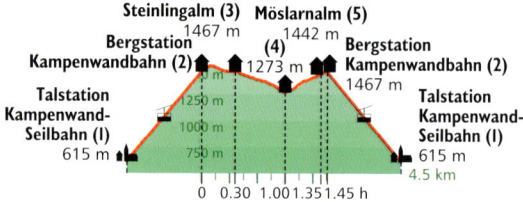

Mit Blick auf das Priental, Schloss Hohenaschau und auf schroffe Felslandschaft bringen uns die bunten Vierer-Gondeln von der Talstation der Kampenwandbahn (1) in wenigen Minuten auf 1467 m Höhe. An der Bergstation (2) fällt als Erstes der markante Ostgipfel der Kampenwand, 1668 m, ins Auge. Direkt davor liegt die Sonnenalm. Bei gutem Wetter bietet sich ein eindrucksvoller Blick auf die Zentralalpen mit den Hohen Tauern, dem Großglockner, dem Großvenediger sowie auf den Wilden Kaiser, die Loferer Steinberge und die Berchtesgadener Alpen.

Wir wandern von der Bergstation zur Sonnenalm und folgen dort dem Panorama-Wanderweg Richtung Steinlingalm, der sich in Serpentinen den Berg hinaufschlängelt. Schon bald erreichen wir den ersten Aussichtspunkt – das Andachtskreuz. Von dort haben wir einen schönen Blick auf den Chiemsee und die Hügel des Voralpenlands. Mit einem Fernrohr kann man die Landschaft im Detail beobachten oder sich eine Panoramaerklärung über den Chiemgau anhören.

Nach dem Aussichtspunkt wandern wir leicht bergab, am auffallenden, frei stehenden Felszacken des Staffelsteins vorbei und werden weiterhin von schönem Chiemsee-Panorama begleitet.

Bereits nach 30 Min. Gehzeit erreichen wir die Steinlingalm (3), die sich auf einem Plateau unterhalb der Kampenwand befindet. Die Einkehr in der Alm lohnt sich: Man sitzt zu Füßen des schroffen Felskamms der Kampenwand und blickt auf das rund zwölf m hohe Gipfelkreuz, das zu den größten Gipfelkreuzen in Bayern zählt. Ebenfalls in Sichtweite liegt die kleine Gedenkkapelle für die Gefallenen des Chiemgaus. Es lohnt sich, einen Abstecher zur Kapelle zu

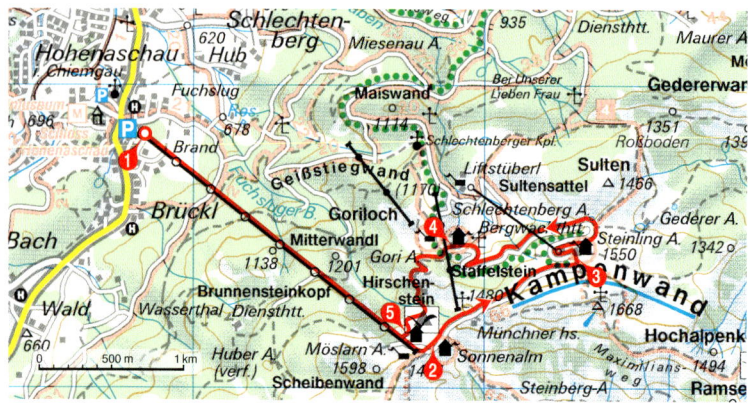

Auf dem Panoramaweg von der Sonnenalm zur Steinlingalm.

machen, denn von dort aus hat man einen schönen Blick ins Tal und auf den östlichen Teil des Chiemsees.

Um die Wanderung fortzusetzen, gibt es nun zwei Möglichkeiten. Wer es bei einem Spaziergang belassen möchte, kehrt von der Steinlingalm auf demselben Weg zurück zur Bergstation. Wer die Tour in vollem Umfang machen möchte, geht von der Steinlingalm 30 m auf dem Weg zurück und hält sich an der Weggabelung geradeaus Richtung Gori-Alm und Schlechtenbergalm. Ein breiter Fahrweg führt uns in 30 Min. bis zur Schlechtenbergalm leicht bergab. Unterwegs sehen wir die Nordflanke der Kampenwand von unten und können diese in ihrer vollen Größe begutachten. Die vorgelagerte Kapelle und die Steinlingalm wirken aus dieser Perspektive klein und fast unscheinbar auf dem großen Plateau. Bald können wir unter uns auch den Chiemsee mit der Herreninsel erblicken, auf dem viele Segelboote ihre Runden ziehen.

An der **Schlechtenbergalm (4)** verlassen wir die asphaltierte Fahrstraße und biegen nach links auf einen Wanderpfad, der Richtung »Möslarn Alm/Bergstation« führt. Ab hier wird das Gelände etwas steiler und unebener. Zuerst wandern wir ein Stück durch den Wald, dann macht der Pfad eine scharfe Linkskurve und geht in einen breiteren, aber immer noch steinigen Wanderweg über, der etwa 10 Min. lang sehr steil ansteigt. Danach wird die Steigung wieder mäßiger und der Weg führt mit Blick auf die Scheibenwand und die Bergstation der Kampenwandbahn leicht aufwärts. Bald kommen wir an der urigen **Möslarnalm (5)** vorbei. Hier kann man frische Buttermilch und Rohmilch kosten.

Von der Alm geht es nur noch wenige Minuten bergauf, bis wir die **Bergstation (2)** erreichen, wo uns in Richtung Süden wieder ein herrliches Bergpanorama begrüßt. Von dort geht es mit der Gondel wieder hinunter zur Talstation.

Chiemgauer Alpen

34 ▸ Hefteralm, 1020 m

Hinauf zu den Grassauer Almen

Südlich des Chiemsees, zwischen Hochgern, Hochplatte und Großstaffen findet man an den Hängen der Grassauer Almen eine stattliche Anzahl kleiner Hütten, die in den Sommermonaten neben dem

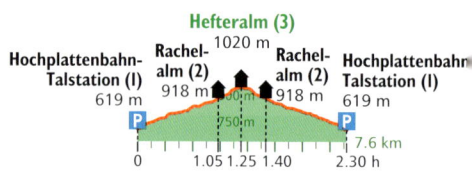

Almbetrieb auch Wanderer bewirtschaften. Auf einer Forststraße steigen wir von der Talstation der Hochplattenbahn in Piesenhausen in Kehren durch den Wald zur Rachelalm auf. Von dort geht es über Almwiesen zur gemütlichen Hefteralm, die in einer kleinen Senke auf 1020 m Höhe liegt. Diese Wanderung lässt sich zu einer aussichtsreichen Rundtour erweitern, die mit Blick auf den Chiemsee und die Chiemgauer Alpen bis hinauf zur Staffn-Alm führt. Anschließend kehren wir mit dem Sessellift zurück ins Tal.

KURZINFO

Talort: Marquartstein, 545 m.
Ausgangspunkt: Parkplatz an der Talstation der Hochplattenbahn in Piesenhausen, 619 m.
Anfahrt: Mit dem Auto auf der A 8 München – Salzburg bis Ausfahrt Bernau. Über Bernau und Grassau weiter bis Marquartstein. Von dort der Beschilderung zur Hochplattenbahn in Piesenhausen folgen. (Navi: Schloßstraße / 83250 Marquartstein).
Gehzeit: 2.30 Std.
Distanz: 7,6 km.
Höhenunterschied: 400 m.
Anforderungen: Die Wanderung verläuft bis zur Rachelalm auf einem stetig ansteigenden Forstweg, anschließend geht es auf einem relativ flachen Wanderpfad über Almwiesen bis zur Hefteralm. Etwas Kondition im Bergaufgehen ist von Vorteil.
Rast: Unterwegs kaum Bänke zum Rasten. Je nach Jahreszeit erste Einkehrmöglichkeit in der Rachelalm oder in der Hefteralm.
Einkehr: Rachelalm, 918 m, Getränke und kleine Alm-Brotzeiten, geöffnet Anfang Juni bis Ende September, Tel. +49 8641 1520. **Hefteralm**, 1020 m, geöffnet Anfang Mai bis Mitte Oktober, Tel. +49 171 5266145 (nur zwischen 8 und 9 Uhr besetzt), www.hefteralm.de. **Staffn-Alm**, 1050 m, geöffnet 1. Mai bis Ende Oktober und 25. Dezember bis dritter Sonntag im März, Tel. +49 8641 7740, www.staffn-alm.de.
Kinder: Die Almwiesen rund um die Hefteralm sind für Kinder ein spannendes Areal, denn dort sind Kühe, Pferde, Ziegen, Hasen und Hühner zu Hause. Der Forstweg vom Parkplatz zur Rachelalm bietet jedoch nur wenig Abwechslung.
Variante: Wer die Route erweitern möchte, der kann von der Hefteralm hinauf zur aussichtsreichen Staffn-Alm, 1050 m, wandern. Von dort kehrt man mit der Hochplattenbahn zurück zum Ausgangspunkt. Die Gehzeit beträgt dann insgesamt 2.20 Std. (Hefteralm – Staffn-Alm 1.15 Std.), Distanz 6,5 km, 460 Hm; Details siehe Tourenbeschreibung.
Hochplattenbahn: Betriebszeiten im Sommer 9.00–17.00 Uhr, Tel. +49 8641 7216, www.hochplattenbahn.de.
Touristeninformation: Achental Tourist-Information Marquartstein, Rathausplatz 1, 83250 Marquartstein, Tel. +49 8641 597910.

Wir starten am Parkplatz an der Talstation der Hochplattenbahn (1) und folgen dem Wanderweg, der links des Sesselliftes in Richtung Rachelalm und Hefteralm in den Wald führt. Der breite und gut befestigte Forstweg steigt von Anfang an kontinuierlich an, sodass wir schnell an Höhe gewinnen. Nach rund 20 Min. erreichen wir die erste Weggabelung, an der wir uns geradeaus in Richtung Rachel- und Hefteralm halten. Bald überqueren wir den Bach, der neben uns ins Tal hinabplätschert und folgen weiter dem Forstweg bergauf. Nach etwa 30 Min. Gehzeit kreuzen wir den Sessellift. Ab hier lichtet sich der Wald und wir genießen immer wieder schöne Ausblicke ins Tal und auf den Hochgern. Nach insgesamt 50 Min. treten wir aus dem Wald hinaus und wandern über Almwiesen und offenes Gelände bis zur Rachelalm (2). Die kleine Alm liegt auf einem sonnigen Plateau und bewirtet in den Sommermonaten Wanderer mit Getränken. Wir gehen hinter der Alm durch einen Weidezaun und wandern nun relativ eben über die Almwiesen in Richtung Hefteralm, dabei genießen wir eine schöne Aussicht ins Achental und auf den Hochgern. Bald

Kurz vor der Rachelalm.

kommen wir an der Hufnagelalm (unbewirtschaftet) vorbei. Wir lassen diese links liegen, steigen auf Treppenstufen über einen Weidezaun und wandern über Wiesen bis zum Waldrand. Am Ende des Waldstücks steigen wir nochmals über einen Weidezaun und biegen anschließend scharf nach links auf einen breiten Landwirtschaftsweg ein. Wenige Minuten später erreichen wir die Hefteralm (3), die in

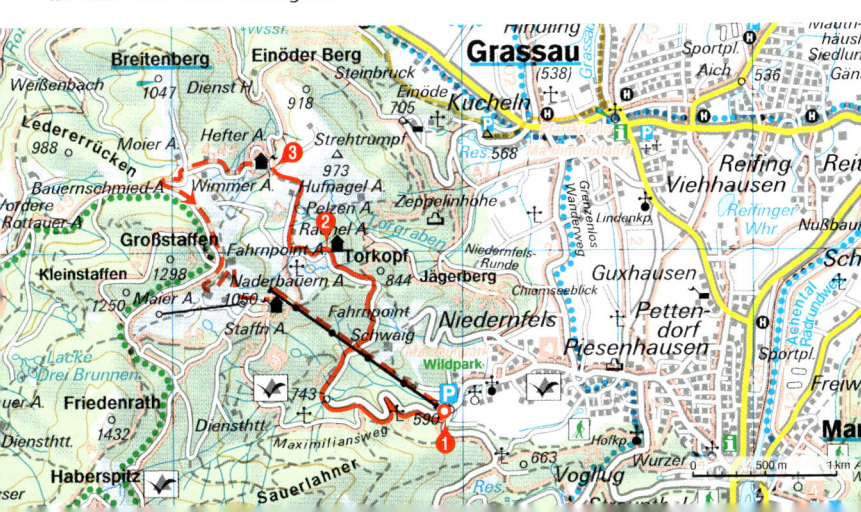

Die Staffn-Alm mit den Chiemgauer Alpen im Hintergrund.

einer kleinen Senke liegt und bei schönem Wetter ein gut besuchtes Ausflugsziel ist.

An der Hefteralm gibt es zwei Möglichkeiten, die Wanderung fortzusetzen. Die kurze und einfache Variante führt auf demselben Weg zurück ins Tal. Anstrengender, aber deutlich aussichtsreicher ist der Weiterweg über die Moier- zur Staffn-Alm, von der aus wir anschließend mit dem Sessellift ins Tal zurückkehren. Dazu gehen wir um die Hefteralm herum und folgen dem Fahrweg Richtung »Staffn-Alm / Weg Nr. 4«. Er steigt gleich zu Beginn steil an und windet sich in großen Kehren den Hang hinauf, so dass wir bald einen schönen Blick auf den Chiemsee und die Herreninsel haben. Nach knapp einem Kilometer kommen wir an der Moieralm vorbei. Kurz darauf geht es 100 m bergab, dann gabelt sich der Weg und wir biegen scharf nach links in Richtung Staffn-Alm. Wieder bergauf wandern wir in den Wald hinein, bis wir nach etwa zwei Kilometern den höchsten Punkt der Tour erreicht haben. Gleichzeitig öffnet sich eine Schneise und wir haben einen fantastischen Blick auf die Wiesen der Staffn-Alm sowie auf den Hochgern und seine Nachbarn. Außerdem blicken wir auf das Kaisergebirge und bei guter Fernsicht bis zu den schneebedeckten Gipfeln der Loferer Steinberge. Nun geht es eben bis zum nächsten Wegweiser, an dem wir nach links auf einen schmalen Steig in Richtung »Staffn-Alm / Seilbahn« abzweigen. Noch einmal gehen wir kurz bergab und erreichen schließlich die Staffn-Alm sowie die Bergstation der Hochplattenbahn. Hier können wir einkehren und von der Terrasse das herrliche Panorama genießen. Anschließend fahren wir mit dem Sessellift ins Tal hinab.

Chiemgauer Alpen

Durch das Heutal

Von der Winklmoosalm zur Moarlack ★★

Die Winklmoosalm in der Nähe von Reit im Winkl, ist die Heimat der Ski-Olympia-Siegerin Rosi Mittermaier. Die bekannte Alm liegt in den Chiemgauer Alpen auf einer Hochebene in 1160 m Höhe zwischen Dürrnbachhorn, 1776 m, und Kammerköhrplatte, 1870 m. Wir wandern über Almwiesen und durch Bergwälder ins schöne Heutal hinab und haben unterwegs eine wunderbare Sicht auf die Steinplatte und die Loferer Steinberge. Vom Alpengasthof Heutal geht es hinauf zur Moarlack, wo wir erneut eine herrliche Aussicht auf die Loferer Steinberge und die Reiteralpe genießen können.

KURZINFO

Talort: Reit im Winkl, 695 m.
Ausgangspunkt: Großparkplatz an der Winklmoosalm, 1160 m.
Anfahrt: Mit dem Auto von München auf der A 8 München–Salzburg bis Ausfahrt Grabenstätt, weiter Richtung Marquartstein und auf der Deutschen Alpenstraße (B 305) nach Reit im Winkl. Von dort über das Seegatterl auf der Mautstraße zur Winklmoosalm (Navi: Klammweg 2 / 83242 Reit im Winkl). Die Anreise mit öffentlichen Verkehrsmitteln ist möglich, aber zeitaufwendig. Mit der Bahn von München Hbf. nach Prien am Chiemsee (ca. 1 Std. Fahrzeit). Ab Prien mit dem Oberbayernbus 9505 nach Reit im Winkl (ca. 50 Min. Fahrzeit). Von dort mit dem Linienbus 9506 und 9507 bis zur Winklmoos Alm (ca. 20 Min. Fahrzeit).
Gehzeit: 3.50 Std.
Distanz: 14 km.
Höhenunterschied: 200 m.
Anforderungen: Leichte, aber lange Wanderung auf breiten und gut befestigten Wegen. Wenig Steigungen, bis auf ein starkes, 500 m langes Gefälle ins Heutal hinab und ein steiler, 1,2 km langer Anstieg vom Heutal zur Moarlack. Die steilen Passagen können umgangen werden (siehe Variante).
Rast: Kaum Bänke und wenig Rastmöglichkeiten. Erste Einkehr im Heutal.
Einkehr: Winklmoosalm, 1160 m, kein Ruhetag, Betriebsferien Mitte November bis Anfang Dezember, Tel. +49 8640 79720, www.sonnenalm.de. **Alpengasthof Heutal Almrose**, Dienstag Ruhetag, Gföll 91, A-5091 Unken, +43 6589 20130, www.hotel-heutal.com.
Kinder: Spielplätze an der Winklmoosalm und am Alpengasthof Heutal. Unterwegs aber wenig Abwechslung. Die Tour ist kinderwagengeeignet; um den Anstieg vom Heutal nach Moarlack zu vermeiden, bietet sich die beschriebene Variante an.
Variante: Die Tour kann abgekürzt werden, indem man an der Kreuzbrücke rechts in Richtung Moarlack abbiegt und anschließend den Weg wieder zurückwandert. Die Höhendifferenz reduziert sich so auf insgesamt 120 Hm, die Gehzeit auf 3.10 Std.
Touristeninformation: Dorfstraße 38, Reit im Winkl, Tel. +49 8640 80020, www.reitimwinkl.de.

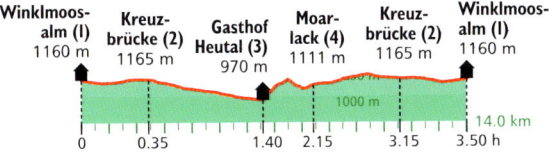

Chiemgauer Alpen

WUSSTEN SIE SCHON?

Das Wahrzeichen der Winklmoosalm ist die kleine Kapelle Mariä Himmelfahrt. Jedes Jahr findet am 15. August vor der Kapelle das Almkirchweihfest mit Kräuterweihe statt. Die Bergmesse ist für jedermann zugänglich und wird von der Musikkapelle Reit im Winkl und den Reit im Winkler Gebirgsschützen begleitet.

Die kleine Mautstraße vom Seegatterl windet sich in vielen Serpentinen den Berg hinauf zum Wanderparkplatz an der Winklmoosalm (1). Schon dort haben wir einen schönen Blick über das Alm- und Wandergebiet der Steinplatte sowie auf die Felswände der Loferer Steinberge im Südosten. Ein asphaltierter Landwirtschaftsweg führt uns vom Parkplatz hinter der Winklmoosalm am Winklmoos-Almstüberl vorbei zu einer Weggabelung, an der wir nach rechts in Richtung Heutal abzweigen. Einige hundert Meter später geht das asphaltierte Sträßchen in einen Kiesweg über und wir biegen nach links ab. Wir überqueren gleich danach ein Weidegatter und wandern leicht bergauf in Richtung Heutal und Moarlack, bis wir etwa 400 m später eine Anhöhe erreichen. Kurz danach kommen wir in einen Fichtenwald, wo wir der ebenen Forststraße in Richtung Heutal folgen. An der Gabelung Kreuzbrücke (2) zweigt rechts ein Weg nach Moarlack ab. Hier würden wir abbiegen, um die verkürzte Variante zu gehen. Wer die Tour in voller Länge wandern möchte, ignoriert diese Abzweigung und hält sich geradeaus Richtung Heutal. Wir wandern etwa 50 Min. durch den dichten Wald, bis sich vor uns zaghaft ein sonniges Tal öffnet, das Schritt für Schritt weiter wird. Es geht leicht abwärts und schon bald können wir die Aussicht auf das Heutal genießen. Nachdem wir an einer privaten Alm vorbeigekommen sind, wird das Gefälle steiler und der Wanderweg schlängelt sich zuerst über Almwiesen, dann zwischen den ersten Häusern hindurch ins Heutal hinab. 20 Min. später überqueren wir auf einer Holzbrücke den Fischbach und folgen dem Wegweiser in Richtung Moarlack. Bald danach erreichen wir den Heutaler Hof und schließlich den Alpengasthof Heutal (3), wo wir einkehren können.
Um die Wanderung fortzusetzen, folgen wir dem Schotterweg, der gegenüber dem Alpengasthof über eine sonnige Wiese Richtung Moarlack führt. Zuerst geht es gemäch-

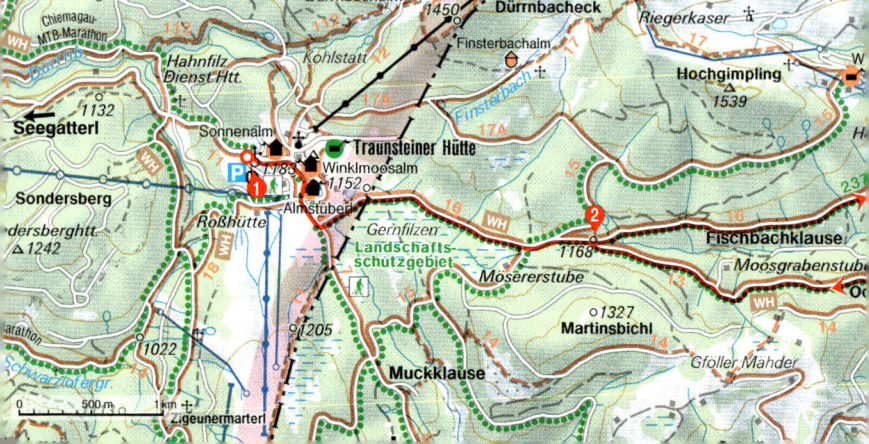

Ausblick von Moarlack auf die Felswände der Reiteralpe.

lich bergauf und wir haben eine hübsche Aussicht auf die Felswände der Reiteralpe sowie das hinter uns liegende Heutal. Bald wird die Steigung anspruchsvoller und der Weg führt in Kehren steil bergauf in den Wald. Nach etwa einem Kilometer erreichen wir einen Schlagbaum, an dem der steilste Abschnitt des Anstiegs geschafft ist. Wir passieren ein Weidegatter und treten aus dem Wald hinaus auf eine Anhöhe. Vor uns liegt die Anhöhe **Moarlack (4)** und dahinter erhebt sich ein grandioses Bergpanorama. Wir blicken auf die Felswände der Reiteralpe mit Häuselhorn und Stadelhorn, das Steintalhörnl, das Kammerlinghorn sowie die Loferer Steinberge und den Schwarzeckgrat.

Es lohnt sich seine Brotzeit hier auszupacken und auf einer der Wiesen mit Bergblick zu rasten, denn wenige Minuten später müssen wir uns von dem herrlichen Panorama wieder verabschieden. Wir biegen in den Wald und folgen dem Forstweg in Richtung Winklmoosalm. Nach 800 m erreichen wir die Kreuzung **Ochsenbrunn**, wo wir weiter geradeaus gehen. In leichtem Auf und Ab geht es nun durch den Wald bis zur Gabelung **Kreuzbrücke (2)**. Dort biegen wir links ab und gehen auf dem bekannten Weg zuerst weiter durch den Wald, dann über die Almwiesen zurück zur **Winklmoosalm (1)**.

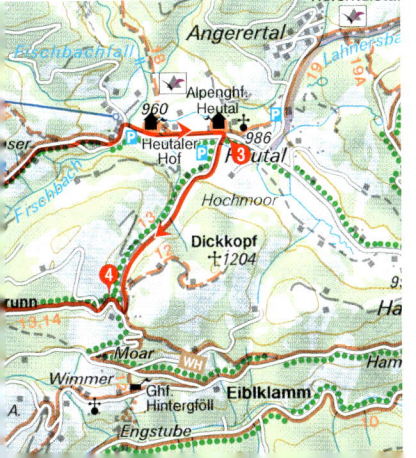

123

Chiemgauer Alpen

36 ▶ Durch die Entenlochklamm

Zur Wallfahrtskirche Maria Klobenstein

Die Wanderung zur Wallfahrtskirche Maria Klobenstein oberhalb der Tiroler Ache führt uns auf alten Schmugglerwegen durch dichten Wald, der im Sommer für angenehme Kühle sorgt. Früher wurde dieser Pfad genutzt, um im Schutz der Dunkelheit Waren über die Grenze nach Österreich zu schmuggeln. Heute ist die Strecke eine viel begangene Wanderroute und die Schlucht der Entenlochklamm ein beliebtes Revier für Kajakfahrer. Eine Hängebrücke führt uns zwischen den Felsen hindurch über das grüne Wasser der Tiroler Ache zur Wallfahrtskirche und dem Gasthaus Klobenstein, die beide direkt unter dem gespaltenen Felsen des Klobensteins liegen. Das Wirtshaus aus dem Jahre 1765 diente früher als Einkehr für Wilderer und Schmuggler und hat bis heute sein ganz besonderes Flair behalten.

KURZINFO

Talort: Schleching, 569 m.
Ausgangspunkt: Parkplatz an der Talstation der Geigelsteinbahn in Ettenhausen, 630 m (gebührenpflichtig).
Anfahrt: Mit dem Auto von München auf der A 8 München–Salzburg bis zur Ausfahrt Bernau, weiter auf der B 305 über Marquartstein nach Schleching-Ettenhausen. Im Ort der Beschilderung zur Geigelsteinbahn folgen (Navi: Geigelsteinstraße 55 / 83259 Schleching-Ettenhausen).
Mit der Bahn von München Hbf. nach Übersee Bhf. (Fahrzeit ca. 1.10 Std.), weiter mit dem Oberbayernbus 9509 von Übersee nach Schleching-Ettenhausen (ca. 45 Min. Fahrzeit) und 800 m zu Fuß zum Parkplatz der Geigelsteinbahn, am Wochenende jedoch eingeschränkter Busbetrieb.
Gehzeit: 3.00 Std.
Distanz: 7,2 km.
Höhenunterschied: 160 m.
Anforderungen: Einfach zu gehende, relativ flache Waldwege bis kurz vor der österreichischen Grenze. Ab dort schmaler Fußweg mit Steinen und Wurzeln sowie stärkeren Steigungen und Gefällen.
Rast: Viele Bänke am Wegrand bieten Gelegenheit für Pausen. Erste Einkehrmöglichkeit am Gasthaus Klobenstein.
Einkehr: Auf der gesamten Tour nur eine Einkehrmöglichkeit: **Gasthaus Klobenstein**, geöffnet von Ostern bis Anfang November, täglich ab 11 Uhr, Klobensteinerstr. 73, A-6345 Kössen, Tel. +43 664 5138178, www.gasthaus-klobenstein.com.
Kinder: Spannend für Kinder sind die schmalen Pfade im zweiten Abschnitt der Wanderung sowie die Hängebrücke über der Entenlochklamm. Dort kann man am Wasser spielen oder den Kajakfahrern zusehen. Die Strecke ist nicht für den Kinderwagen geeignet.
Variante: Vom Gasthaus Klobenstein kann man mit dem Bus zurückkehren und verkürzt die Wanderung damit auf 1.30 Std. Gehzeit.
Touristeninformation: Schulstraße 4, 83259 Schleching, Tel. +49 8641 5979113, www.achental.com.

Ausgangspunkt dieser Wanderung ist der Parkplatz an der Geigelsteinbahn in **Schleching-Ettenhausen (1)**. Am Waldrand führt ein breiter Forstweg, der als »Schmugglerweg« gekennzeichnet ist, in Richtung Osten. Bereits nach 150 m verlassen wir die Forststraße und biegen nach

Herbstliche Lichtung auf dem Weg nach Klobenstein.

rechts in Richtung Schmugglerweg und Rudersberger See ab. Nun wandern wir am Waldrand entlang und anschließend über die Pferdeweide der Ettenhauser Au. Hinter uns ragen der Geigelstein und die gezackten Felsen der Kampenwand empor. An der nächsten Kreuzung folgen wir der Beschilderung »Schmugglerweg« nach rechts. Auf einem von großen Felsbrocken gesäumten Weg wandern wir mit kaum merklicher Steigung durch den Wald. Immer wieder eröffnen sich für kurze Zeit schöne Ausblicke auf die Kampenwand und die Chiemgauer Ber-

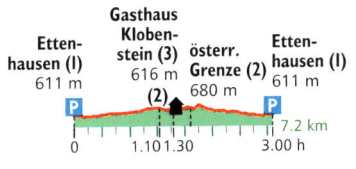

Am Ufer der Tiroler Ache.

ge. Nach etwa 45 Min. Gehzeit endet der breite Weg abrupt und wir haben im ersten Moment das Gefühl, in einer Sackgasse zu stehen. Doch auf der rechten Seite führt ein unscheinbarer, unbeschilderter Steig über Treppenstufen den Hang hinauf. Wir folgen diesem über die **österreichische Grenze (2)** bis zu einem Aussichtspunkt. Von dort blicken wir auf die Wallfahrtskapelle Maria Klobenstein und die Tiroler Ache und können uns an einer Tafel des »Grenzenlos Wanderwegs« über die Entstehung der Entenlochklamm informieren.

Der Steig führt uns nun über Wurzeln und Treppenstufen zunächst bergab und gleich wieder leicht bergauf. Bei Nässe sollte man hier vorsichtig sein, denn dieser Abschnitt kann sehr rutschig sein. Ungefähr 400 m nach dem Aussichtspunkt zweigen wir nach links in Richtung »Hängebrücke« ab und wandern zur **Tiroler Ache** hinab.

Dort überqueren wir auf einer Hängebrücke den Fluss, der tiefgrünes Wasser durch seine reizvolle Felsklamm führt. An den Kiesbänken der gegenüberliegenden Uferseite befindet sich ein hübscher Rastplatz für eine Brotzeit mit Klammblick. Gleichzeitig kann man von dort beobachten, wie die Kanu- und Kajakfahrer durch die Schlucht navigieren. Etwa 150 m weiter befindet sich direkt unter dem gespaltenen Klobenstein das urige **Gasthaus Klobenstein (3)**. Dort sitzt man im wild gewachsenen Garten mit Blick auf die Wallfahrtskirche Klobenstein. Die Besichtigung der kleinen Kapelle sowie der Wallfahrtskirche mit ihren Votivtafeln ist lohnenswert.

Wenige Meter oberhalb der Wallfahrtskirche verläuft die Bundesstraße. An dieser Stelle kann die Tour abgebrochen werden und man kann mit dem Bus nach Ettenhausen zurückkehren. Andernfalls wandern wir auf demselben Weg nach **Ettenhausen (1)** zurück.

WUSSTEN SIE SCHON?

Die Entstehung der Wallfahrtskirche Maria Klobenstein geht nach einer Legende auf das Erlebnis einer Bäuerin zurück, die auf dem Weg von Kössen nach Schleching plötzlich einen großen Felsblock von oben auf sich zustürzen sah. Die Bäuerin flehte die Muttergottes um Hilfe an. Ihr Stoßgebet wurde erhört – der Felsblock spaltete sich in zwei Teile, die links und rechts von ihr niederstürzten. Die Bäuerin aber blieb unversehrt. Aus Dankbarkeit wurde an dieser Stelle die Wallfahrtskirche Maria Klobenstein (= gespaltener Stein) errichtet, die zwischen den bizarr aufragenden Felsen über der Klamm der Tiroler Ache liegt.

Chiemgauer Alpen

Wandberg, 1454 m

Zur Aussichtsloge nördlich des Walchsees ★★

Aus der Ferne nimmt man den nördlich des Walchsees gelegenen Wandberg kaum wahr. Doch diese fast unscheinbare Erhebung bietet einen ungeahnten Ausblick. Obwohl der überwiegende Teil der Strecke im Wald verläuft, ist der Weg dorthin aussichtsreich und das Kaisergebirge stets präsent. Steht man schließlich am Gipfelkreuz, entpuppt sich der Wandberg als großartige Aussichtskanzel mit Blick auf den Zahmen Kaiser, den Wilden Kaiser, das Kitzbüheler Horn und zahlreiche andere Gipfel. Bei guter Sicht kann man bis zu den Hohen Tauern mit dem Großglockner sehen.

KURZINFO

Talort: Rettenschöss, 680 m.
Ausgangspunkt: Wanderparkplatz Feistenau (gebührenpflichtig), 1012 m.
Anfahrt: Mit dem Auto auf der A 8 bis zum Inntaldreick. Dort auf A 93 Richtung Innsbruck bis Ausfahrt Niederndorf. Weiter auf der Landstraße über Niederndorf und Sebi, bis links eine Straße nach Rettenschöss abzweigt. Von hier sind es 4,6 km über Rettenschöss bis zum Wanderparkplatz Feistenau (gebührenpflichtig), kurz vor dem Gasthaus »Schöne Aussicht«. Sehr schmales und teilweise steiles Sträßchen (Navi: Feistenau 16 / A-6342 Rettenschöss).
Gehzeit: 3.00 Std.
Distanz: 10,7 km.
Höhenunterschied: 440 m.
Anforderungen: Bis zum Wandberg geht es mit moderater Steigung auf breiten Wirtschafts- und Forstwegen ausschließlich bergauf. Der Anstieg zum Gipfel erfolgt auf einem steilen, aber ungefährlichen Steig.
Einkehr: Gasthaus »Schöne Aussicht«, 1050 m, Donnerstag Ruhetag, A-6342 Rettenschöss 16, Tel. +43 5373 61811, www.schoene-aussicht.biz. **Wandberghütte**, 1350 m, Dienstag Ruhetag, Betriebsruhe von 1. November bis 26. Dezember, Tel. +43 664 4321770. **Burgeralm**, 1330 m, Jausenstation mit Almkäserei, geöffnet von Mitte Mai bis November, Freitag Ruhetag, Tel. +43 5373 61809, www.burgeralm.at.
Kinder: Kinderspielplätze an allen drei Gasthäusern, sowie Tiere zum Streicheln an der Almkäserei Burgeralm. Der Anstieg zur Burgeralm auf dem Forstweg bietet eine sehr schöne Aussicht, aber für Kinder nur wenig Abwechslung. Weswegen sich mit Kindern der Aufstieg auf dem Abstiegsweg empfiehlt. Die Tour ist kinderwagentauglich, wenn man auf dem Forstweg bis zur Burgeralm oder Wandberghütte geht und denselben Weg zurück nimmt. (Wegen der Steigung jedoch nur für trainierte Kinderwagenfahrer!). Das letzte Stück zum Gipfel ist nicht kinderwagentauglich.
Bademöglichkeit: Im nahe gelegenen Walchsee.
Touristeninformation: Tourismusverband Kaiserwinkl, Postweg 6, A-6345 Kössen, Tel. +43 501 100, www.kaiserwinkl.com.

Inntalblick bei der Burgeralm.

Schon die Anfahrt lässt erahnen, dass diese Wanderung mit einem beeindruckenden Panorama aufwarten kann. Die Zufahrtstraße von Rettenschöss nach Feistenau ist schmal und windet sich steil nach oben, bis wir am Wanderparkplatz Feistenau (1) unterhalb der Gaststätte »Schöne Aussicht« eine Höhe von gut 1000 m erreicht haben. Bereits hier genießen wir eine schöne Aussicht auf den Zahmen Kaiser.

Vom Parkplatz gehen wir entlang der asphaltierten Straße zu den Häusern von Feistenau hinauf. Wir wandern am Gasthaus »Schöne Aussicht« (2) vorbei und folgen dem Wegweiser zum Wandberg. Kurz nach der Ortschaft halten wir uns links und passieren eine Schranke. Zu unserer Rechten folgt ein Rastplatz mit zwei Bänken und wir haben einen herrlichen Ausblick auf das gegenüberliegende Kaisergebirge. Wenige Meter später erblicken wir zu unserer Rechten den Walchsee. Die asphaltierte Straße geht nun in einen Schotterweg über und führt uns kontinuierlich bergauf. Nach etwa 20 Min. kommen wir in den Wald. Der Fahrweg zieht sich in zahlreichen Kehren empor, sodass wir Schritt für Schritt an Höhe gewinnen. Immer wieder können wir zwischen den Bäumen hindurch ins Tal und auf das Kaisergebirge blicken.

Nach etwa 50 Min. Gehzeit erreichen wir die Rettenbachalm (3), wo wir uns weiter geradeaus in Richtung Wandberg halten. Wir bleiben auf diesem Weg, bis wir nach insgesamt eineinhalb Stunden Gehzeit über eine Kuppe wandern. Dahinter eröffnet sich ein schöner Fernblick zu den Hohen Tauern mit dem Großglockner sowie auf die Kitzbüheler Alpen, den Wilden und den Zahmen Kaiser.

Vor uns liegt das Gasthaus Wandberghütte (4) und weiter rechts die Almkäserei und Jausenstation Burgeralm. Beide bieten einen schönen Ausblick. Aber auch das nahe gelegene Gipfelkreuz ist ein herrlicher

Chiemgauer Alpen

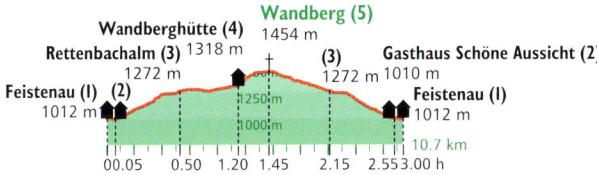

Platz für eine Rast. Um unseren Weg dorthin fortzusetzen, biegen wir direkt vor der Burgeralm rechts ab und folgen der Beschilderung zum Wandberg. Ein Pfad führt uns etwa 10 Min. steil über die Almwiesen bergauf, dann haben wir den höchsten Punkt des Wandbergs (5) erreicht. Der Ausblick, der sich hier bietet, ist grandios. Wir sehen auf Geigelstein, Hörndlwand, Sonntagshorn, Berchtesgadener Alpen, Steinberge, Steinplatte, Kitzbüheler Alpen, Glocknergruppe, Wilden und Zahmen Kaiser, Zillertaler Alpen, Rofan, Karwendel und das Inntal. Das grasbewachsene Gipfelplateau lädt zu einer Pause über dem Gipfelmeer ein.

Auf dem Rückweg gehen wir zu der kleinen Almhütte hinab, die direkt unter dem Gipfel liegt. Dort folgen wir dem Wegweiser nach Feistenau in westlicher Richtung. Der Pfad führt mit reizvollem Blick auf die Berge und das Inntal zuerst über Almwiesen und dann am Waldrand entlang abwärts. Nach etwa 30 Min. Gehzeit mündet der Pfad in einen breiten Schotterweg. Wir biegen nach rechts in den Wald und zweigen 100 m später gleich wieder nach links ab. Nun sind wir auf dem breiten Schotterweg, den wir schon vom Aufstieg kennen. Er führt uns über die Rettenbachalm (3) und zu unserem Ausgangspunkt in Feistenau (1) zurück.

Aussicht am Wandberggipfel.

Kaisergebirge

38 Durch das Kaisertal

Mit Kaiserblick nach Hinterbärenbad ★★★

Mit dem Zahmen Kaiser auf der linken und dem Wilden Kaiser auf der rechten Seite führt diese Tour durch das reizvolle Kaisertal nach Hinterbärenbad. Ziel ist das Anton-Karg-Haus, das direkt vor den fulminanten Felswänden des Wilden Kaisers liegt. Nach einer Überlieferung kühlten sich die Braunbären hier an heißen Sommertagen durch ein Bad im Kaiserbach. Der Weg dorthin bietet einiges: schöne Ausblicke auf Kufstein und das Inntal, ein grandioses Panorama mit dem immer mächtiger werdenden Kaisergebirge, den kühlen Kaiserbach und die Sparchenschlucht sowie idyllische Almwiesen und zahlreiche urige Berggasthöfe.

KURZINFO

Talort: Kufstein, 499 m.
Ausgangspunkt: Parkplatz am Kaiseraufstieg in Kufstein-Sparchen, 496 m (gebührenpflichtig).
Anfahrt: Mit dem Auto von München auf der A 8 bis zum Inntaldreieck, weiter auf der A 93 Richtung Innsbruck bis Ausfahrt Kufstein Nord. Im Kreisverkehr auf die B 175 in Richtung Ebbs / Eichelwang abbiegen. Nach 1 km zweigt nach rechts eine Straße in Richtung Kaisertal / Kaiserbach ab, die zum Wanderparkplatz am Kaiseraufstieg führt (Navi: Kaiseraufstieg / A-6330 Kufstein).
Mit der Bahn von München Hbf. nach Kufstein Bhf. (Fahrzeit ca. 1.15 Std.). Von dort verkehrt alle 20 Min. der Stadtbus in Richtung Kaisertal. Ausstieg an der Haltestelle »Kaiseraufstieg« (Fahrzeit 20 Min.).
Gehzeit: 5.00 Std.
Distanz: 16,4 km.
Höhenunterschied: 430 m.
Anforderungen: Leichte, jedoch lange Tour auf bequemen Wanderwegen. Der erste Kilometer ist steil und führt über knapp 300 Treppenstufen aufwärts, danach moderate Steigungen und viele flache Passagen.
Rast: Vereinzelt Bänke zum Rasten, viele Einkehrmöglichkeiten.
Einkehr: Veitenhof, 709 m, ganzjährig geöffnet, Montag und Dienstag Ruhetag, Tel. +43 5372 63415, www.veitenhof.at. Alpengasthof Pfandlhof, 783 m, ganzjährig geöffnet außer von Ende November bis Mitte Dezember, Donnerstag Ruhetag, Tel. +43 5372 62118, www.pfandlhof.at. Anton-Karg-Haus, 829 m, geöffnet von Anfang Mai bis Mitte Oktober, kein Ruhetag, Tel. +43 5372 62578, www.hinterbaerenbad.at.
Kinder: Wegen der langen Gehzeit gestaltet man diese Wanderung mit Kindern am besten als zweitägige Tour mit Übernachtung im Anton-Karg-Haus. Dort gibt es einen Naturspielplatz, ein Baumhaus und einen Bach zum Spielen. Die Wanderung ist wegen der vielen Treppenstufen nicht kinderwagentauglich.
Variante: Verkürzte Wanderung vom Wanderparkplatz über den Pfandlhof zur Antoniuskapelle und zurück. Gehzeit insgesamt 2.00 Std., ca. 300 Hm.
Touristeninformation: Unterer Stadtplatz 8, 6330 Kufstein, Tel. +43 5372 62207, www.kufstein.com.

Das Anton-Karg-Haus in Hinterbärenbad.

Die Antoniuskapelle vor den Felswänden des Wilden Kaisers.

Am Wanderparkplatz in **Kufstein-Sparchen (1)** folgen wir der Beschilderung zum »**Kaiseraufstieg**«. Im Wald halten wir uns rechts in Richtung Pfandlhof und steigen am Südhang des Zahmen Kaisers über rund 300 Treppenstufen steil bergauf. Anschließend erwartet uns ein herrlicher Blick auf die Stadt und die Burg Kufstein sowie den dahinter aufragenden Kufsteiner Hausberg, den Pendling. Nach etwa einem Kilometer lichtet sich der Wald und wir erreichen eine asphaltierte Fahrstraße. Damit haben wir das steilste Stück der Tour geschafft und von nun an geht es nur noch leicht bergauf. Dabei genießen wir einen wunderbaren Blick auf die hellen Kalkfelsen des Kaisergebirges.

Nach etwa 30 Min. Gehzeit kommen wir am **Gasthaus Veitenhof (2)** vorbei. Knapp 20 Min. später erreichen wir den urigen Berggasthof **Pfandlhof (3)**, der von seiner blumengeschmückten Terasse einen herrlichen Blick auf den Wilden und Zahmen Kaiser bietet. Etwa 300 m danach zweigen wir nach rechts in Richtung Anton-Karg-Haus ab. Wir wandern nun auf flachen Wegen auf den Wilden Kaiser zu, der sich Schritt für Schritt imposanter vor uns erhebt.

Nach weiteren 50 Min. Gehzeit kommen wir an den **Kaiserbach**, der neben uns durch eine Schlucht rauscht. Wir wandern durch zwei in den schroffen Fels gehauene Tunnel, kommen an der unbewirtschafteten Klausenhütte vorbei und erreichen

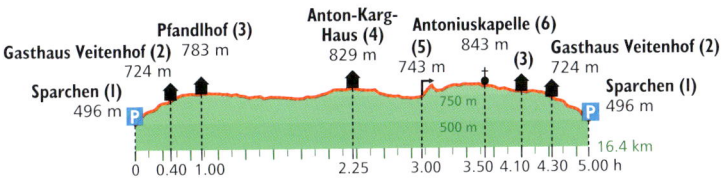

Auf dem Weg vom Hinterkaiserhof zur Antoniuskapelle.

etwa 10 Min. später das »Karg-Gartl«, ein Gedenkplatz, der zu Ehren von Anton Karg errichtet wurde. Karg war von 1878 bis 1882 erster Bürgermeister von Kufstein. Als begeisterter Bergsteiger gründete er 1877 die Alpenvereinssektion Kufstein und war maßgeblich an der Anlage der Wanderwege zum Stripsenjochhaus und zur später nach ihm benannten Berghütte Hinterbärenbad beteiligt.

Ab dem »Karg-Gartl« steigt der Wanderweg wieder leicht an. Wir ignorieren alle Abzweigungen und folgen dem Weg links des Kaiserbachs. Schließlich erreichen wir nach 40 Min. Hinterbärenbad mit der am Kaiserbach gelegenen Maria-Hilf-Kapelle und dem **Anton-Karg-Haus (4)**. Im Haus kann man sich in einem kleinen Museumszimmer über die Entwicklung des Kaisertals und sei-

Kaisergebirge

ner Erschließung für Wanderer informieren oder sich in einer urigen Stube stärken. Draußen sitzt man vor der grandiosen Kulisse des Wilden Kaisers mit Blick auf die eindrucksvollen Felswände von Totenkirchl und Kleiner Halt.

Auf dem Rückweg gehen wir auf derselben Strecke bis zur Klausenhütte zurück. Kurz nach der Klausenhütte biegen wir nach rechts ab (5) und folgen dem steilen Pfad in Richtung »Pfandlhof über Antoniuskapelle« durch den Wald. Wir gewinnen rasch an Höhe und überqueren auf mehreren kleinen Holzbrücken kleine Bäche. Der Pfad führt bald weniger steil durch den Wald und mündet nach knapp 40 Min. in einen breiten Forstweg. An dieser etwas undeutlich beschilderten Weggabelung wenden wir uns nach links und folgen dem Weg »E4«. Etwa 200 m später haben wir das Ende des Waldes erreicht und blicken auf die idyllisch am Hang gelegene Antoniuskapelle. Die im Jahre 1711 erbaute Kapelle vor der Kulisse des Wilden Kaisers ist ein sehr beliebtes Fotomotiv. Wir wandern nun über die Almwiesen und treffen am Hinterkaiserhof auf einen breiten Schotterweg. Wenige Minuten später haben wir die Antoniuskapelle (6) erreicht. Anschließend wandern wir abwärts zum Pfandlhof (3) und kehren auf dem bekannten Weg zum Parkplatz in Sparchen (1) zurück.

WUSSTEN SIE SCHON?

In der Burg Kufstein steht seit dem Jahr 1931 die sogenannte Heldenorgel. Die riesige Freiluftorgel wurde zur Erinnerung an die Gefallenen des Ersten Weltkriegs erbaut und ist heute ein Mahnmahl zum Frieden in der gesamten Welt. Sie besitzt 4307 Pfeifen in 46 Registern und man sagt, sie sei die größte Freiluftorgel der Welt. Die Heldenorgel ertönt täglich nach dem Mittagsgeläut um kurz nach 12 Uhr. Da die Orgelpfeifen hoch über der Stadt, unter dem Dach der Burg angebracht wurden, sind sie ungewöhnlich weit zu hören. Bei guten Windverhältnissen reicht ihr Klang bis zu zehn Kilometer weit – und bis hinauf zu den Gipfeln des Wilden Kaisers.

Kaisergebirge

39 Am Fuß des Zettenkaiserkopfs

Vom Hintersteiner See zur Walleralm

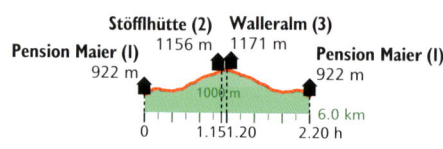

Am südwestlichen Ende des Wilden Kaisers liegt zwischen Schilf, Wiesen und Wäldern der idyllische Hintersteiner See. Er ist Ausgangspunkt dieser Tour, die uns hinauf zur Walleralm am Fuße des Zettenkaiserkopfes führt. Zu Beginn geht es recht steil durch den Wald, dabei erhaschen wir immer wieder einen Blick auf die markante Silhouette des buckeligen Pölven. Später wandern wir über Almwiesen und haben eine wunderbare Aussicht auf die gegenüberliegenden Berge, die bei einem Abstecher zur Aussichtskanzel am Kreuzbichl noch grandioser wird. Oben angekommen, können wir an der urigen Stöfflalm selbst gebackenes Brot, Buttermilch und Käse aus eigener Herstellung kosten oder auf der Walleralm einkehren. Die Wanderung kann von dort zu einer Rundtour über das Seestüberl ausgeweitet werden.

Blick von der Walleralm auf den Pölven.

KURZINFO

Talort: Scheffau, 752 m.
Ausgangspunkt: Pension Maier am westlichen Ende des Hintersteiner Sees, 922 m. Sehr kleiner Wanderparkplatz!
Anfahrt: Mit dem Auto von München auf der A 8 bis zum Inntaldreieck, dann auf der A 93 bis zur Ausfahrt Kufstein Nord. Nach der Autobahnausfahrt durch den Ort der Beschilderung in Richtung St. Johann in Tirol folgen. Weiter in Richtung Scheffau. In Scheffau links abbiegen und durch den Ort in Richtung Hintersteinersee fahren (ca. 5 km), dann am See entlang (ca. 2 km) bis zum kleinen Wanderparkplatz hinter der Pension Maier (Navi: Hinterstein 79 / A-6351 Scheffau).
Gehzeit: 2.20 Std.; mit Abstecher zum Kreuzbichl zusätzlich 10 Min. Gehzeit.
Distanz: 6 km.
Höhenunterschied: 270 m.
Anforderungen: Die Route von der Jausenstation Maier zur Walleralm verläuft überwiegend durch den Wald. Auf breiten und bequem zu gehenden Forstwegen geht es mit kontinuierlicher Steigung bergauf.
Rast: Unterwegs immer wieder Bänke.
Einkehr: Pension Maier, 932 m, Biobauernhof und Pension, ganzjährig geöffnet, Betriebsruhe Mitte bis Ende November, von April bis September kein Ruhetag, ansonsten mittwochs Ruhetag, Tel. +43 5358 8203, www.pension-maier.at. **Stöfflhütte**, im Sommer bewirtschaftete Alm, Buttermilch und Almkäse aus eigener Herstellung, Brotzeiten und Kuchen, www.walleralm.tirol/stoefflhuette. **Walleralm**, 1171 m, Mitte April bis Ende Oktober täglich geöffnet, Tel. +43 664 5249441, www.walleralm.at.
Kinder: Eine schöne Einkehr mit Kindern ist die Jausenstation Maier. Dort gibt es viele Tiere und einen kleinen Kinderspielplatz. Der Aufstieg über den Forstweg bietet für Kinder nur wenig Abwechslung. Die Strecke ist kinderwagentauglich, aber nur bei guter Kondition zu empfehlen.
Varianten: 1) Wenn der Parkplatz an der Pension Maier bereits voll ist und man am Seestüberl parken muss, kann man die Wanderung als Rundtour gehen. Zuerst folgt man der Straße am See entlang zur Pension Maier, dann wandert man auf der beschriebenen Route bis zur Walleralm. Von dort führt ein stellenweise anspruchsvoller Steig zum Seestüberl zurück. Insgesamt 3.40 Std. Gehzeit (Seestüberl – Jausenstation Maier 45 Min. – Walleralm 1.15 Std. – Kreuzbichl 10 Min. – Seestüberl 1.30 Std.). Details siehe Tourenbeschreibung.
2) Steigungsfreier Rundweg um den Hintersteiner See (1.45 Std.).
Touristeninformation: Wilder Kaiser-Brixental, Dorf 35, A-6352 Ellmau am Wilden Kaiser, Tel. +43 50509 310, www. wilderkaiser.info.

Wir starten an dem kleinen Wanderparkplatz direkt hinter der **Pension Maier (1)**. Da der Parkplatz sehr klein ist, empfiehlt es sich, früh anzureisen, damit man noch einen Platz bekommt. Alternativ kann man am Ostufer des Hintersteiner Sees, in der Nähe des Seestüberls parken (siehe Variante 1). Die Strecke vom Seestüberl zur Pension Maier ist landschaftlich sehr reizvoll und führt direkt am Seeufer entlang. Vom

Parkplatz an der Pension Maier führt ein Wanderweg in Richtung Walleralm in den Wald. Während der ersten 10 Min. geht es auf einem groben Schotterweg steil bergauf. Dann wandern wir auf einem bequemen Forstweg in leichtem Bergauf und Bergab weiter. An der **Kreuzung Schafberg** halten wir uns links und folgen der Beschilderung zur Walleralm. Wir wandern ein kurzes Stück bergab und biegen nach insgesamt 30 Min. an der **Kreuzung Hölzental Alm** nach rechts in eine breite Forststraße ein. Wenige Minuten später kommen wir an einer Bank mit Ausblick auf das Inntal vorbei. Danach zieht sich das Sträßchen in weiten Kehren durch Wald hinauf, der sich im letzten Drittel der Tour schließlich lichtet. Wir wandern nun über Almwiesen und genießen den immer eindrucksvolleren Blick auf den »buckeligen« Pölven, Brandstadl und Hartkaiser und die österreichischen Alpenketten.

Etwa eineinviertel Stunden nachdem wir an der Pension Maier gestartet sind, erreichen wir die urige, mit Geranien geschmückte **Stöfflhütte (2)**, wo wir mit Blick auf den Pölven und den Zettenkaiserkopf einkehren können. Noch aussichtsreicher ist die Rast auf der Terrasse der **Walleralm (3)**, die kurz hinter der Stöfflalm liegt. Von beiden Almen sind es knapp 10 Min. bis zum 1199 m hoch gelegenen Aussichtsplateau des **Kreuzbichl**. Von dort ist das Panorama noch grandioser und wir blicken auf den Zettenkaiser, die Kitzbüheler Alpen, die Zillertaler Alpen, die Hohe Salve, den Pendling und das Inntal. Von hier wandert man auf demselben Weg zurück zur **Pension Maier (1)**.

Wer am Seestüberl gestartet ist, der geht auf dem Rückweg eine andere Route. Etwa 400 m nach der Kreuzung »Im Sattel« zweigt ein Wanderpfad nach links ab. Dieser führt zuerst über die Wiese, dann durch den Wald und geht bald in einen holprigen Steig über, der stellenweise etwas exponiert an einer Geländekante vorbeiführt. Danach biegen wir nach links und folgen für einige hundert Meter einem Fahrweg, bevor wir nach rechts auf einen weiteren Steig abbiegen, der uns zurück zum Ausgangspunkt Seestüberl bringt.

> **WUSSTEN SIE SCHON?**
>
> Die Sage vom Hintersteiner See: In alter Zeit bat ein Bettler vor dem Tor der prächtigen Burg Funkelstein um ein Stück Brot. Doch der Burgherr war geizig und seine Gemahlin hatte er in ein Verlies gesperrt. Der Bettler hatte Mitleid mit der Burgfrau und nichts zu verlieren. Er ging heimlich zum Verlies und versuchte, die Gräfin zu befreien. Er arbeitete so unermüdlich, dass sich aus seinem Schweiß ein kleiner See bildete, und er schaffte es tatsächlich. Als die beiden auf der Flucht an einer Quelle hielten, reichte der Bettler der Gräfin Wasser. Sie war erschöpft und sagte: »Ich bin zu schwach, um mich zu erheben, ich muss sterben.« Der Bettler antwortete: »Eher als du stirbst, werde ich Stein sein.« Kaum hatte er dies gesagt, da verwandelte er sich in Stein. Die Gräfin erschrak sich so sehr, dass sie auf der Stelle tot umfiel. Bauern fanden die Leiche der Gräfin und das Steingebilde, welches sie den »Bettlerstein« nannten. Jahrzehnte später kaufte der Funkelsteiner Burgherr dem Bauern den Bettlerstein ab und ließ ihn im Schlosshof aufstellen. Dreizehn Tage später krachte ein Blitz, das Steingebilde zersprang und Burg Funkelstein fing an zu sinken. An der Stelle, wo sie einst stand, liegt heute der Hintersteinersee.

Kitzbüheler Alpen

Vom Hartkaiser zur Tanzbodenalm

Panoramaspaziergang mit Kaiserblick ★★★

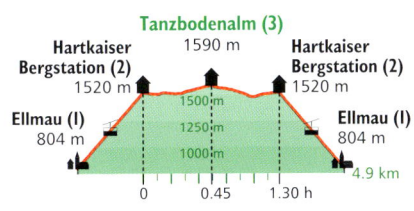

Dieser Höhenweg in den Tiroler Alpen bietet ein gewaltiges Panorama. Nachdem wir mit der Gondelbahn ganz bequem unseren Ausgangspunkt auf 1520 Meter Höhe erreicht haben, erleben wir von Beginn an eine einmalige Gipfelschau. Zuerst wandern wir vis-à-vis der mächtigen Südseite des Wilden Kaisers. Die schroffen Felsen und Gipfel wie die Ellmauer Halt, die Ackerlspitze oder Maukspitze bilden einen schönen Kontrast zu den grasbedeckten Kitzbüheler Alpen, die den zweiten Teil der Wanderung prägen. Auf dem Dach des Bergrestaurants Hartkaiser befindet sich eine große Panoramaterrasse, die einen Besuch wert ist. Der Ausblick reicht vom gesamten Kaisergebirge über die Loferer- und Leoganger Steinberge, die Kitzbüheler Alpen bis hin zu Großglockner, Großvenediger und den Zillertaler Alpen. Anhand einer großen Panoramakarte mit detaillierter Beschriftung lässt sich gut nachvollziehen, welche Gipfel man von hier oben sieht.

Das Kaisergebirge überragt das herbstliche Nebelmeer.

Blick auf das Kitzbüheler Horn und die Leoganger Steinberge.

KURZINFO

Ausgangspunkt: Parkplatz an der Talstation der Hartkaiserbahn in Ellmau, 804 m (nicht gebührenpflichtig).

Anfahrt: Mit dem Auto von München auf der A 8, dann auf die A 93 Richtung Innsbruck bis Ausfahrt Kufstein Nord. Nach der Autobahnausfahrt durch Kufstein, der Beschilderung in Richtung St. Johann in Tirol folgen. Weiter in Richtung Scheffau nach Ellmau. In Ellmau der Beschilderung zur Hartkaiserbahn folgen (Navi: Weißachgraben 5 / A-6352 Ellmau).

Die Anfahrt mit öffentlichen Verkehrsmitteln ist möglich, aber sehr zeitaufwendig: Mit der Bahn von München Hbf. bis Wörgl Bhf. oder Kufstein Bhf. Weiter mit dem Bus bis Ellmau (je nach Verbindung 2.30–3.30 Std. Fahrzeit), www.bahn.de.

Hartkaiserbahn: Betriebszeit von Mitte Mai bis Ende Oktober 9–17 Uhr, Weißachgraben 5, A-6352 Ellmau, Tel. +43 5358 2320, www.skiellmau.at.
Gehzeit: 1.30 Std.
Distanz: 4,9 km.
Höhenunterschied: 115 m.
Anforderungen: Wanderung auf bequemem, überwiegend flachem und befestigtem Panoramaweg. Kaum Steigung, außer einer steilen Passage von etwa 300 m kurz vor der Tanzbodenalm.
Rast: Unterwegs immer wieder Panoramabänke sowie eine Einkehrmöglichkeit auf halber Strecke.
Einkehr: Panoramarestaurant Bergkaiser, 1520 m, an der Bergstation Hartkaiserbahn, geöffnet von Mitte Mai bis Ende Oktober, kein Ruhetag, Tel. +43 5358 2320222. Tanzbodenalm, geöffnet von Mai bis Ende Oktober, kein Ruhetag, Tel. +43 5358 43150, www.tanzbodenalm.at.
Kinder: Rund um den Hartkaiser gibt es viel Spannendes für Kinder zu entdecken: einen riesigen Kinder- und Wasserspielplatz an der Bergstation, einen Aussichtsturm, einen Erlebnispfad für Kinder, einen Schnitzfigurenwanderweg sowie einen weiteren Spielplatz an der Tanzbodenalm. Der beschriebene Rundweg ist kinderwagentauglich. Mehr Informationen zu den Attraktionen für Kinder unter: www.ellmi.at.
Variante: Anstatt mit der Gondelbahn wieder zurück ins Tal zu fahren, führt für geübte Wanderer eine Variante von der Bergstation Hartkaiser aus über den Hang zur Jägerhütte hinab. Dann geht es durch den Wald zur Rübezahlalm und von dort weiter über die Bergschenke und den Faistenbichl zur Talstation. Ca. 2.00 Std. und 700 Hm zusätzlich im Abstieg (rund 7 km Distanz).
Touristeninformation: Siehe Tour 39.

Wir fahren von Elmau (1) mit der Hartkaiserbahn hinauf auf 1520 m. An der Bergstation (2) wenden wir uns nach Süden, überqueren den Kinderspielplatz und gehen einige Treppenstufen hinab zum Panoramaweg Nr. 6. Mit herrlichem Blick auf den Wilden Kaiser folgen wir diesem, bis wir nach knapp 600 m die erste Weggabelung erreichen. Hier verlassen wir den breiten Almweg und gehen geradeaus auf einem

Kitzbüheler Alpen

Pfad in Richtung Bergstation Brandstadl. Mit kaum merklicher Steigung und grandioser Aussicht auf das Kaisergebirge schlängelt sich der Wanderweg zuerst entlang dem bewaldeten Kamm und anschließend über Almwiesen. Unter uns im Tal liegt das Sölllandl mit den Orten Ellmau, Scheffau, Going und Söll.

Nach rund 30 Min. Gehzeit kommen wir an die »Kreuzung Wanderweg Hartkaiser«. Hier biegen wir nach rechts in Richtung »Brandstadl/Brixen/Söll« ab. Es geht nun zum ersten Mal etwas steiler bergauf, doch schon nach wenigen Minuten haben wir die Anhöhe mit einem wunderschön gelegenen Picknickplatz und traumhafter Aussicht erreicht. Auf der einen Seite thront der Wilde Kaiser in seiner vollen Breite, auf der anderen Seite ist die Hohe Salve zu sehen. Im Osten stechen die Loferer Steinberge und das Kitzbüheler Horn hervor. Im Süden können wir bei guter Fernsicht bis zu den österreichischen Gletscherriesen, dem Großvenediger und Großglockner, blicken.

An der nächsten Kreuzung, »Einfahrt Schiweg«, biegen wir nach links in Richtung Tanzbodenalm (3) ab. Die Hütte ist nur wenige Schritte entfernt und lädt zur gemütlichen Einkehr ein.

Um unseren Weg fortzusetzen, lassen wir die Tanzbodenalm rechter Hand liegen und gehen auf dem breiten Hartkaiser-Fahrweg unter dem Schlepplift (Ostlift) hindurch leicht talwärts. Auf dem gesamten Rückweg genießen wir einen herrlichen Blick auf die vor uns liegenden Kitzbüheler Alpen, die Leoganger und die Loferer Steinberge. Auch am nächsten Wegweiser gehen wir weiter geradeaus in Richtung Bergstation Hartkaiser und Ellmis Zauberwelt. Ungefähr 20 Min. später erreichen wir die Hartkaiseralm-Kreuzung. Wir halten uns links in Richtung Bergstation Hartkaiser und Panoramarestaurant und erreichen 5 Min. später die Kreuzung »Hartkaiser Panorama«. Hier gehen wir nach rechts und treffen auf den bekannten Weg, der uns zurück zur Bergstation (2) bringt. Von dort geht es mit der Bahn wieder hinab zu unserem Ausgangspunkt an der Talsation in Elmau (1).

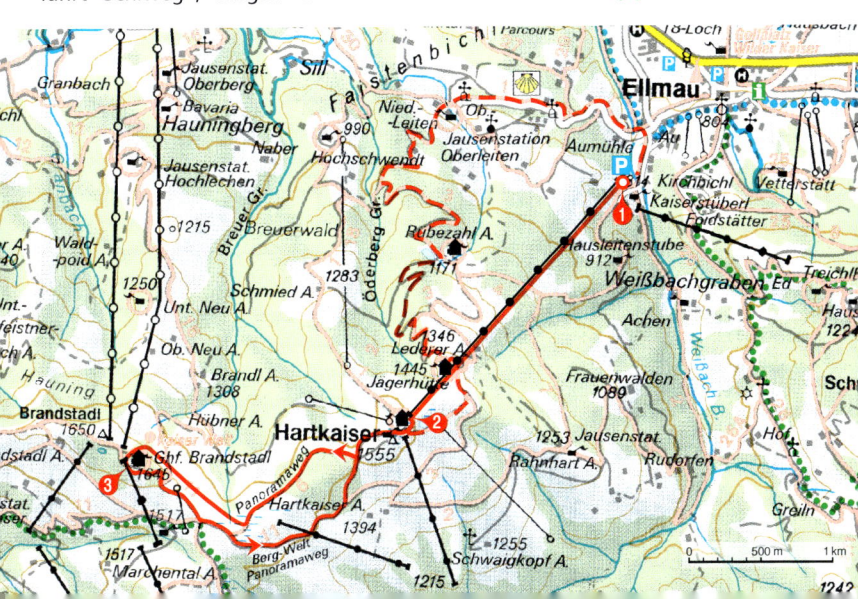

Stichwortverzeichnis

A
Ahornboden, Großer 82, 84
Albert-Link-Hütte 93, 94, 95
Almhütte 28
Almhütte, Berggasthof 30
Alpenblick, Seerestaurant 38
Alte Lindach 44
Altes Bad, Wirtshaus 89
Antoniuskapelle 133
Anton-Karg-Haus 132
Arzbach 68
Aschau im Chiemgau 115
August-Schuster-Haus 33

B
Bad Wiessee 64
Barmsee 77, 78
Barmsee, Alpengasthof 77
Bauer in der Au 64
Bauernhof- und Wintersportmuseum 98
Bayrischzell 106
Benediktbeuern, Kloster 52
Binsalm 82, 84
Birkenstein 105
Blecksteinhaus 93
Brauneck 71
Brauneck-Bahn 70
Brauneck Gipfelhaus 71
Burgeralm 127, 128

D
Daffnerwaldalm 114
Drijaggen-Alm 84
Duftbräu, Berggasthof 113

E
Eckbauerbahn 20
Eckbauer, Berggasthof 19

Ehrwalder Alm 35
Ehrwalder Almbahn 35
Eibsee 27
Einsiedl, Gasthof 74
Elbach 103
Ellmau 138
Eng, Alpengasthof 83
Ettenhausen 124

F
Feistenau, Wanderparkplatz 128
Ferchensee 17
Fieberkircherl 48
Fischbachau 103
Fischhausen 97
Fluderbach 113
Fraunhofer-Glashütte 54
Freilichtmuseum Glentleiten 48
Frillensee 26

G
Gabrielalm 68
Garmisch Partenkirchen 18, 22, 28, 29
Geigenbaumuseum Mittenwald 16
Goas-Alm 79, 80
Gotzinger Trommel 58, 60
Grainau 25
Grainbach 112
Grassauer Almen 118
Grubsee 77

H
Hagrainkapelle 47
Hartkaiserbahn 138
Hauserbauernalm 68
Hechtbach 110
Hechtsee 111
Hefteralm 119
Heldenorgel, Kufstein 133
Heuberg 112
Heutal 122
Hinterbärenbad 130

Hintersteiner See 134, 136
Hochalm 23
Hochkreut 106
Hochplattenbahn 119
Hofbauernweißach 89
Hohenaschau 115
Hohe Tanne 48
Hufnagelalm 119

I
Iffeldorf 49

J
Jägerhütte 138

K
Kaiserbach 131
Kaisertal 130
Kampenwand 116
Kampenwandbahn 116
Karg-Gartl 132
Kärntner Alm 15
Katzenkopf 74
Kiefersfelden 109
Kirchsee 56
Kirchsteinhütte 68
Kirchsteinsattel 91
Klais 80
Klausenhütte 95
Klobenstein, Gasthaus 124
Koglweiher 55
Kolbensattel 32
Kolbensattelhütte 31
Kolbensesselbahn 31
Kramerplateauweg 29
Kreut-Alm 48
Kreuth 85, 88
Kreuzbichl 136
Kreuzeckbahn 23
Kreuzeckhaus 23
Krün 78
Kufstein 109, 130

L
Laglerhütte 114
Längentalalm, Hintere 67, 69
Längsee 110

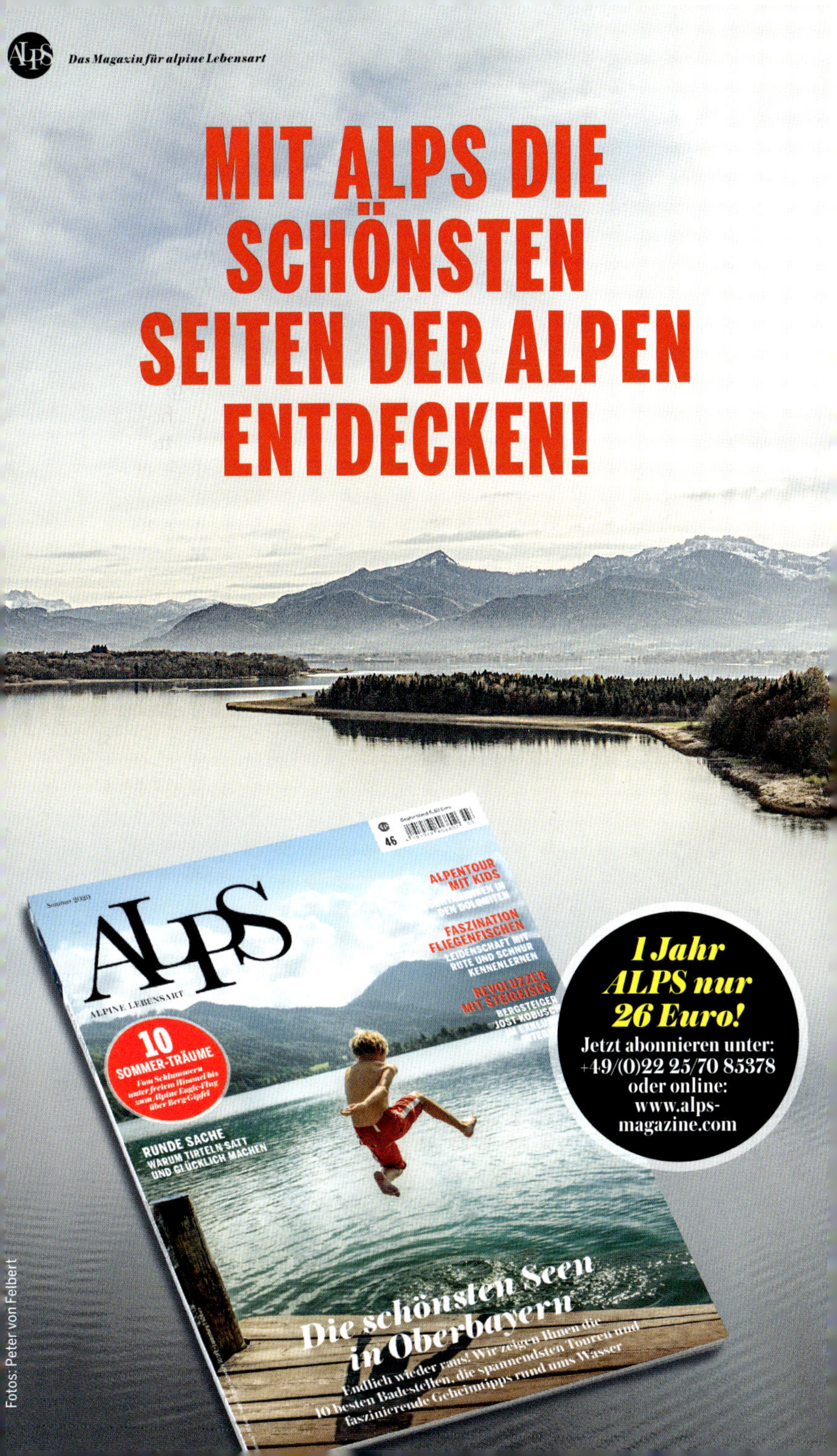

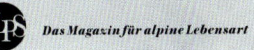

MIT ALPS DIE SCHÖNSTEN SEITEN DER ALPEN ENTDECKEN!

1 Jahr ALPS nur 26 Euro!
Jetzt abonnieren unter:
+49/(0)22 25/70 85378
oder online:
www.alps-magazine.com

Lauterbach-Mühle 50
Lautersee 16
Leeberghof 62
Lehenhof 111
Leinbachschlucht 17
Leitzach 103
Lenggries 67, 71
Lobisau 74

M
Maier, Pension 135
Maria Himmelfahrt, Wallfahrtskapelle 103
Maria Klobenstein, Wallfahrtskirche 126
Marquartstein 118
Mittenwald 16
Moarlack 122
Moieralm 120
Moosrain 45
Möslarnalm 117
Münterhaus 44
Murnau 38, 43
Murnauer Moos 42

N
Niedernach 75
Nüchternbrunn, Wallfahrtskapelle 60

O
Oberammergau 31, 32
Obernacher Moos 41
Ohlstadt 48
Osterfelderkopf 22
Osterseen 49

P
Partnachklamm 20
Pfandlhof 131
Pflegersee, Gasthaus 29
Piesenhausen 118
Pürschlinghaus 32, 33

Q
Quenger-Alm 71

R
Rachelalm 119
Ramsachkircherl 43
Reit im Winkl 121
Rettenbachalm 128

Rettenschöss 127
Reutberg, Kloster 55, 56
Ringberg, Schloss 63
Römerstraße (Klais) 80
Rottach-Egern 61
Rotwand 90
Rotwandhaus 91
Rübezahlalm 138

S
Sachenbach 75
Salmerhof 104
Samerberg 112
Scheffau 135
Schleching 124
Schlechtenbergalm 117
Schliersbergalm 101
Schliersee 99, 100
Schöne Aussicht, Gasthaus 128
Schwaiganger, Gestüt 47
Schwaigeralm 102
Schwarzenbach 85, 87
Schwarzentenn-Alm 86
Schweibern, Wanderparkplatz 112
Seebenalm 36
Seestüberl 135
Siebenhüttenalm 89
Siglhof, Bergcafé 106
Söllbach 64
Söllbachklause 65
Sommerrodelbahn 99
Sonnenalm 116
Sparchen 130
Sparchenschlucht 130
Spitzingsee 90, 95
Staffelsee 38, 45
Staffelstein 116
Staffn-Alm 120
St. Anna, Klösterl 74
Steinlingalm 116
Stie-Alm 72
St. Martin, Berggasthof 28
Stöfflhütte 136
Strasser-Alm 71

T
Tanzbodenalm 137, 139
Taubenberg, Berggasthof 58
Taubensteinbahn 91
Tegernsee 62
Tegernseer Bräustüberl 61
Tennsee 81
Thierberg 111
Thierbergkapelle 109
Tiroler Ache 126
Tölzer Hütte 72

U
Uffing 38
Untermberg 68
Urfeld 75

V
Valepp 94
Veitenhof 131
Vorderleitenberg 69

W
Walchensee 73
Walchensee, Wasserkraftwerk 74
Walchsee 127
Wallenburger Alm, Obere 92
Walleralm 135
Wandberg 128
Wandberghütte 128
Wendelstein 107
Wendelsteinbach 108
Werdenfelser Land 24
Westried 45
Wettersteinalm 18
Wildbad Kreuth 85, 89
Wildfeldalm 92
Winklmoosalm 122
Winklstüberl 105
Winterstube, Wanderparkplatz 86
Wörth, Insel 97
Wurzhütte, Alte 95

Z
Zettenkaiserkopf 134
Zwergern 74